U0807441

经典军服鉴赏指南

金装典藏版

军情视点 编

化学工业出版社
·北京·

本书不仅详细介绍了军服的历史和分类，还全面收录了18世纪以来世界军事强国设计和装备的主要军服，包括常服、礼服、作战服和工作服等，陆军、海军和空军等军种的军服均有涉及。书中对每种军服都有详细的款式介绍，并配有大量精美鉴赏图。

本书不仅是广大青少年朋友学习军事知识的不二选择，也是军事爱好者收藏的绝佳对象。

图书在版编目(CIP)数据

经典军服鉴赏指南 ： 金装典藏版 / 军情视点编. —北京 ：化学工业出版社，2020.2（2023.1重印）
ISBN 978-7-122-35974-2

Ⅰ. ①经… Ⅱ. ①军… Ⅲ. ①军服-世界-指南 Ⅳ. ①E127-62

中国版本图书馆CIP数据核字(2020)第003214号

责任编辑：徐　娟　　　　版式设计：中海盛嘉
责任校对：王素芹　　　　封面设计：刘丽华

出版发行：化学工业出版社(北京市东城区青年湖南街13号　邮政编码100011)
印　　装：河北京平诚乾印刷有限公司
710mm×1000mm　1/16　印张 12　字数　200千字　2023年 1月北京第1版第2次印刷

购书咨询：010-64518888　　　　售后服务：010-64518899
网　　址：http://www.cip.com.cn

定　　价：73.00元　

前言

军服是军人穿着的一种制服，是军人的外在标志，也是国威、军威的象征。战国时期，赵武灵王为了国家的强大，提出了“胡服骑射”的主张。由于实行胡服，赵国建立起以骑兵为主体的一支军队，彻底改变了以往被动挨打的局面，并一跃成为当时国力仅次于秦国的国家。

“胡服骑射”的故事充分说明了优良军服对于强军强国的重要性。随着历史的演变，社会经济的发展，军服也在不断变革，军服的作用也在不断地扩展。从世界范围来看，现代军服已不单纯起识别象征作用，而是朝着识别、象征、调节、防护等综合性功能发展，朝着系列化方向发展。

每一款军服都是一个时代的缩影。一个国家、一个时期军服的质地、颜色和款式，不仅可以品出时代的审美，同时可以读出政治、军事、经济、科技等方面的内容，这也是许多人对军服痴迷的重要原因。本书不仅详细介绍了军服的历史和分类，还全面收录了18世纪以来世界军事强国设计和装备的主要军服，对各国军服的设计特点和演变历程都进行了详细介绍。通过阅读本书，读者会对现代军服有一个全面和系统的认识。

作为传播军事知识的科普读物，最重要的就是内容的准确性。本书的相关数据资料均来源于国外知名军事媒体和军工企业官方网站等权威途径，坚决杜绝抄袭拼凑和粗制滥造。在确保准确性的同时，还着力增加趣味性和观赏性，尽量做到将复杂的理论知识用简明的语言加以说明，并添加了大量精美的图片。因此，本书不仅是广大青少年朋友学习军事知识的不二选择，也是军事爱好者收藏的绝佳对象。

参加本书编写的有丁念阳、黄萍、黄成等。在编写过程中，国内多位军事专家对全书内容进行了严格的筛选和审校，使本书更具专业性和权威性，在此一并表示感谢。

由于时间仓促，加之军事资料来源的局限性，书中难免存在疏漏之处，敬请广大读者批评指正。

编者

2019年12月

目录

目录

第 1 章

军服杂谈

军服，就是军人的服饰。由于军人带有独特的职业风格，军服也由此增添了几分神秘色彩。

军服的历史

军服是一种制式服装，透过一个国家、一个时期军服的质地、颜色和款式，不仅可以品出时代的审美，同时可以读出政治、军事、经济、科技等方面的内容。因此，把每一款军装都看成一个时代的缩影，一点不为过。现代意义上的军服是17世纪才在欧洲出现的。

从很久以前，部落的武士就用涂料、头盖骨、兽皮、动物的爪子等装饰自己，其目的主要有两个：使某人加入某个组织，使之失去个性，并在其身上体现出某种“团体精神”；与此同时，又能以“凶恶的”外表恐吓敌人。

尽管古代军人与普通人之间存在不少区别，但他们在服装方面并没有不同之处。士兵的服装同市民没有什么差别，不同的只是他们拥有铠甲、盾牌和武器。铠甲、盾牌和其他防护品之所以一致，是因为它们都是国家提供的，并出于工匠师之手。

在大规模的战斗中，光看外表很难认出谁是“自己人”。所以，最简单的解决办法是在军人身上戴上一个统一的醒目标志，比如系一条红头巾。

现代意义上的军服，是在1618~1648年欧洲的“三十年战争”期间产生的。“三十年战争”是欧洲历史上第一次全欧大战。德意志诸侯以及欧洲其他主要强国都不同程度地直接或间接参与其中。在“三十年战争”中，席卷欧洲的大屠杀和野蛮行径，几乎耗尽了所有经济和人力资源。各国都认为，最好维持一支组织严密的小型军队，这支军队要永远处于铁的纪律的严格控制之下，不管在战时还是在和平时期都是如此。这种军队通过各种各样的方式招募来自各阶层的新兵，因此必须使士兵

▲ 英军仪仗队保留的传统红色军服

▲ 一战时期英国陆军的土色军服

失去个性，使之统一，并对其加以控制。鲜艳夺目的军装不仅是士兵们统一的要素之一，而且还会使开小差者“立即暴露出来”。

法国军队最先使用了军服的概念，法国也是实现军服式样统一较早的西方国家。早期的军服，各国都极尽华丽之能，不但配饰夸张，色调也很鲜艳，连讲究实用的英国也未能免俗。在采用开襟西装款陆军制服前，英国深受拿破仑影响，也穿拿破仑夹克，而且颜色是大红色，配白色裤子。当时，英国陆军因为穿红色外套，被人称为“红军”。这种情况直到19世纪后期才发生改变。

19世纪末，英国发动了对南非的战争。当时，南非有一个叫“布尔”的白人族群，他们组织起来进行武装反抗。布尔人参战的兵力少，与英军对比约为1∶5。布尔人在战争初期失利，英军自恃人多势众，骄横冒进。布尔人通过一段时间的观察，发现英军有一个很大的特点，就是都穿红色军服。在南非的森林和热带草原的绿色背景中，红色军服格外显眼，因而行动容易暴露。布尔人从这里得到启发，立即把自己的军装和枪炮涂成草绿色，以便利用丛林的绿色背景作掩护。这样一来，布尔人很容易发现英军，英军却不容易发现布尔人；布尔人常常神不知鬼不觉地接近英军，突然发起攻击，打得英军措手不及，晕头转向。

后来以实用精神闻名的英国人做了下述变动：他们开始放弃议会于17世纪末批准的有名的红色军服，取而代之的是适应战场环境的土色上衣和长裤。英军的军装马上受到欧洲各强国军队的效仿。

在第一次世界大战（以下简称一战）中，机关枪、铁丝网、炮群以及由此产生

▲ 身穿迷彩服的美国陆军士兵

的战壕等，使士兵不得不穿戴更加实用的野战服。从那时起，各国军队军装的颜色再也没有离开过暗色，从英军的土黄色、德军的灰色，直到美军的橄榄绿色。

人们发现了军装与周围颜色协调一致所带来的优越性之后，就打算使其更加完美：必须使军装同环境成为一体，形成巧妙的“伪装”。因此，迷彩服就应运而生了。最初，迷彩服仅仅是罩在军装外面涂有类似植物色调斑点的伪装物，如德国人在一战中所使用的披风和灰盔罩。随后，迷彩服发展为短大衣，最后演变成第二次世界大战（以下简称二战）中使用的整套服装。首先穿用迷彩服的是德国人和一些国家的精锐部队，如伞兵部队、特种作战部队。随后，世界各国的军队都或迟或早地接纳了迷彩服。

在某些特殊环境下工作的部队，军服颜色更为讲究。例如，美国航空母舰上的官兵，为了有效地发挥指挥机能，为担负不同工种的人员选择不同颜色的服装。像负责救生打捞和消防的士兵一律穿红色军服，负责给飞机垫轮及给飞机进气口加盖的士兵穿蓝色服装，而担负潜水救捞的人员则穿橘红色的衣服，这有防止鲨鱼袭击的作用。

时至今日，世界各国的军服越来越趋同。例如，如今大多数国家陆军的标准制服都是四粒扣西装，只是配色和饰品搭配不同；而海军的标准制服基本都是布雷泽款，也就是我们时常看到的海军蓝、双排扣、尖领西装。

★★★ 军服的分类

现代军服种类繁多，按着装场合的不同，可分为常服、礼服、作训服（作战服）三类；按军种分，可分为陆军服、空军服、海军服、海军陆战队军服等；按穿着季节分，可分为夏服和冬服。

常服是军人在平时和一般礼仪场合穿着的服装，意为平常时候穿着的军服。

▲ 身穿常服的美国陆军预备役军人

其主要特点是庄重、威武，能反映民族传统习惯和精神，适合日常穿着。常服一般区分为军官常服、士兵常服。按穿着季节，又可分为夏季常服和冬季常服。有些国家还细化为队列常服和非队列常服。这种军服外观不像礼服那样要特别庄重，主要是穿着方便，更适宜军人平时的活动。

礼服是军人在参加重大礼仪活动时穿着的服装。礼服用料讲究，多用纯毛或毛涤混纺织物制成，做工精细。其特点是庄严、美观、色彩鲜艳、军阶标志鲜明、装饰注重民族风格等。由于各个国家的民族特点、风俗习惯等不同，其礼服的样式也不一样。有的喜欢把礼服装饰得绚烂多彩，有的设计得庄重大方。许多国家还有仪仗队、军乐团礼宾服及演出服。

作训服是军人在训练和作战时穿着的制式服装，也叫野战服、作战服。大多数国家的军队都配有作训服。它的主要特点是轻便紧凑，以适应战术技术动作的要求。作训服的结构通常是：上衣为夹克式；裤子为马裤式或裤口有抽带的散腿裤。要求坚牢耐穿，适应摸爬滚打的需要。

值得一提的是，迷彩服也是作训服的一种。迷彩服始于二战，当时是作为伪装服使用的。如今迷彩服已经发展出多种类型，其用途也从单一的伪装服发展为工作服、野战服等多种性能的最新军服。根据战场环境的特点，作训服在不同军种或不同地域有着不同的样式。

▲ 美国西点军校军乐团礼宾服

第2章

18世纪的军服

滑膛枪发明之后，笨重的铠甲完全失去了作用，各国陆军以崭新的轻装形态出现，但却不忘古代铠甲的华丽装饰。因此，世界主要军事强国的制服在样式上颇为相似。

英国陆军军服

▲ **18世纪后期英国陆军步兵军服**

从左至右依次为第47步兵团中士、第9步兵团火枪手 、第5步兵团军官 、第37步兵团掷弹兵军官 、第1近卫步兵团火枪手、北卡罗来纳志愿火枪手 、皇家纽约步兵团火枪手、第17轻骑兵团军官、皇家炮兵团炮手、轻步兵军官

早期的英国陆军士兵大多身着红色的军服，少数兵种身着其他颜色的军服（如炮兵制服以蓝色为主）。因为在当时的条件下，红色染料便宜且方便染色。而在黑色火药时代，战场上很快会弥漫硝烟，能见度很低，鲜艳的红色比较利于识别敌友。伊丽莎白时代（1558~1603年，伊丽莎白一世女王统治时期），伦敦地区的陆军官兵便开始穿着红色军服。1645年，英国陆军步兵把红色作为军服的基本颜色。到17世纪末期，红色军服成为英国陆军的主色调军服。“红外套”“红衣军”成为英国陆军官兵的绰号。由于军服颜色很像煮熟的龙虾，英语中还出现了“龙虾背”（Lobster back）的俚语。

▲ **18世纪英国陆军步兵制服**

1707年1月，英国王室下令设立专门职

▲ 现代纪念活动中原样复制的18世纪英国陆军步兵制服

位，负责军队的被服。制服必须符合特定的标准。英国陆军制服的样式往往是模仿欧洲其他国家的陆军制服，经历了很多变化，逐渐变得更短、更方便、更简洁、更舒适。从一开始，英国陆军制服就配有不同颜色的镶边（在翻领、袖口和领子处），以识别不同的团。1747年，关于制服穿戴标准的第一批规定出台，具体规定各团的镶边和识别符号颜色。1881年，陆军大臣休·恰尔德斯改革陆军之后，英军尝试进行标准化，比如英格兰和威尔士的团用白色镶边，苏格兰的团用黄色，爱尔兰的团用绿色，直属王室的团则用深蓝色。但后来有些团重新使用了他们自己传统的颜色。

英国陆军官兵穿了大约两个世纪的红色军服，到1845年拿破仑战争期间，红色军服仍为英国陆军士兵所用。时至今日，英国军队的某些单位，比如白金汉宫和温莎城堡的仪仗卫兵，仍然身着红色军服。

▲ 头戴熊皮帽，身着红色制服的白金汉宫卫兵

英国海军军服

(a)　　(b)　　(c)　　(d)　　(e)

▲ **18世纪英国海军军服**

(a)舰长礼服；(b)海军上将军便服；(c)海军上尉军便服；(d)海军见习军官军便服；(e)水手军便服

18世纪早期，英国海军军官一般身着蓝色和白色制服，军服得以实现标准化，军官们随时都能身穿制服出现在甲板上。当时英国海军军官出海后有时会穿便装，但这种做法在18世纪中期被正式废除。

海军上将经授权可穿着一件深蓝色上衣，剪裁略宽松，这意味着穿起来更舒适一些。上衣无衣领，但顶部领口处有两道金色花边。翻领和袖口为白色，比陆军将官的更宽。上衣无折边。背心较长，通常有金色花边。上衣纽扣为金色，并有金色花边围绕；襟贴也同样有金色花边。上衣口

▲ **18世纪英国海军元帅爱德华·博斯科恩戎装像**

袋亦有金色花边点缀。袖口与襟贴相配，其纽扣、花边均为金色，边缘甚至有更多金花边。

到了北美战争期间，英国海军所有军官的制服都相对简单，也十分优雅和瞩目。这是自七年战争以来一直进行简化的结果。颁布于1767年7月13日和1768年1月23日的军令详细列出了制服要求，并说明花边多少同级别高低的关系。例如，海军上将的军便服是一套多用途制服，几乎在任何场合都能穿。襟贴和袖口的尺寸都缩小了，金花边也同样如此。马裤和长袜为白色，使用非常

▲ 18世纪英国海军上将爱德华·霍克戎装像

精致的布料缝制；鞋子则是普通搭扣鞋。高级军官在舰上不会穿靴子。三角帽是当时的普通样式，外缘有一道金色宽花边。英式帽结为黑色。佩剑和领结样式则由个人决定。

舰长制服的剪裁方式同将官一样，但装饰更简单，袖口、襟贴和衣领上的花边也更窄。背心为纯白色，或许更短一些，很可能没有金花边。军帽上的镶边宽度较窄；马裤、长袜和鞋子与将官的样式一致。将官和舰长的发式按规定应该扑粉束发。不过一旦出海后，这种做法就被务实的军官们抛弃了。

海军中校和海军上尉穿着的制服样式与他们的舰长一模一样，只是海军中校制服上的金色花边更细。海军上尉制服上的白色襟贴和袖口无花边。海军中校的三角帽上有一道细金镶边；上尉的三角帽上无镶边。上尉的紧身衣裤和长袜同高级军官一样，也是白色的。除非舰长有明确的指示，否则他们能够自行决定装备哪些随身武器。大多数军官都有至少两把佩剑，一把用于搭配正式场合的礼服，另一把在海上执勤和战斗时使用。

下级军官的制服采用通用设计和图案，与高级军官一致，但装饰更简单，金花边较少，襟贴较窄，袖口则改成切线袖口样式。

见习军官的制服为简单的蓝白两色，没有金色花边。纽扣为金色，上衣有白色袖口，但无襟贴。三角帽装饰有常规帽结，无金色镶边。他们只有在晋升为上尉后才能获得金镶边装饰。

海军士官都是训练有素、经验丰富的职业水手，是海军的骨干力量。在尚无规章制度的时代，他们按自己的需求来穿着制服。上衣可能是深蓝色，同军官的制服颜色相匹配。背心的样式也很普通，可能为红色或棕色。宽剪裁的裤子非常宽松，一直延伸到膝盖以下。他们还穿长袜和典型的搭扣鞋。围巾是海军的传统服饰，大部分为黑色，但同样也有方格图案。海军士官一般不随身携带武器，除非战舰即将投入战斗。军帽为三角帽，或者某种当地制造的没有帽檐或帽顶的皮革头盔。海军士官通常持一根手杖或绳鞭，用以惩戒那些懒散的水手。

至于水手，他们应该穿什么衣服完全取决于舰长。在海上航行的船长享有绝对的权威。一些船上的水手可能还一直穿着登船前的便服，什么制服也没有。一些船上的水手稍好，杂货舱里有什么服装就给他们配发什么。不管怎样，他们的穿着可谓是杂乱无章。

英国海军陆战队军服

▲ 1664～1748年英国海军陆战队军服

▲ 1755～1807年英国海军陆战队军服

与英国陆军一样，英国海军陆战队从17世纪中期到19世纪都身着颜色深浅不同的红衣，因为早期火器不发达，军服对隐蔽性的要求不高，而鲜艳的军服颜色有助于提高军队的士气。大量的视觉作品（油画、影视）告诉我们，红色军服可以说是英国军队和大英帝国一个强有力的文化符号。在曾经的大英帝国势力范围内，“红衣军”是妇孺皆知的词语。尽管红衣并非被英国军队垄断，其他国家的军队也有过红色制服，如1848年之前的丹麦陆军全部身着红衣，美国军队也有过红色军服，但英国、英属印度和大英帝国其他领地的军队在差不多300年里都使用红色军服，使得红衣成为大英帝国的一个标志。

▲ 英国艺术家理查德·西姆金描绘的英国海军陆战队军服演变（1664~1896年）

法国陆军军服

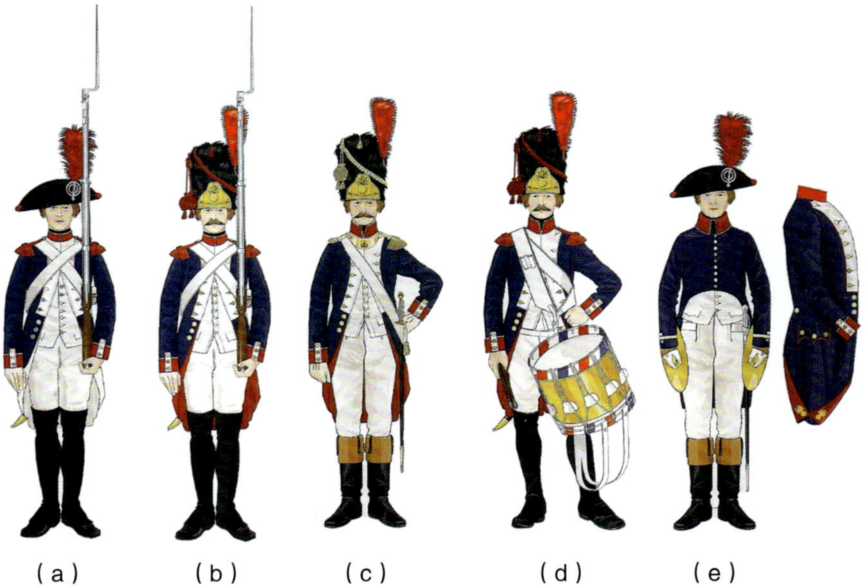

▲ **18世纪末法国陆军步兵军服**

（a）火枪兵；（b）掷弹兵；（c）掷弹兵军；（d）军乐队鼓手；（e）军乐队钹手

法国曾是欧洲大陆数百年的霸主，并在17世纪成为较早实行制式军服的国家之一，开现代军服之先河。波旁王朝时期的法国军服主色是米白色，副色是金黄色，对应波旁王朝的白底鸢尾花王旗。当时的法军士兵通常佩戴三角帽，这种帽子是17世纪西班牙士兵在法兰德斯期间使用的宽边帽的改良版，在弗拉芒的雨季供西班牙士兵防雨。此外，三角帽造型规整且不易遮挡视线，便于肩头扛枪。1667年，法国与西班牙爆发了战争，三角帽传到了法国军队。这种风格被带回法国，在法国市民阶层和国王路易十四的皇室里流行开来，之后传遍了欧洲。在极盛时期，三角帽不但是一般男性知识分子的标准行头，也是军人戎装的标准配件之一，法国、英国、俄国、普鲁士和奥地利等国的军队都有采用。三角帽的佩戴方法是主尖角在前。

1789年，法国爆发了大革命。由于当时的革命军大部分都是最底层的人民，因此大部分的“军服”都是日常生活中穿的衣服。不过有一些中产阶级自费制作了蓝色军服。此后，以蓝色为主的军服成为主流，对应法国新的蓝白红三色国旗。此外，法国军队以往使用的三角帽也被象征革命的双角帽所取代。

法国海军军服

(a) (b) (c) (d)

▲ **18世纪70年代法国海军军服**

(a) 海军舰长；(b) 海军上将；(c) 海军陆战队军官；(d) 海军陆战队士兵

1672年，法国海军向当时世界上最强的海军荷兰海军宣战，通过奥古斯塔海战和巴勒莫海战两场战役将荷兰海军击败，自此之后法国海军站上了世界第一海军的宝座。到18世纪，法国海军仍是世界一流海军。在军服方面，法国海军借鉴了英国海军的设计，以蓝色为主色，红色为副色。

俄国陆军军服

▲ **18世纪中期俄国陆军军服**

（a）火枪手；（b）圣彼得堡掷弹兵团士兵；（c）步兵团军官；（d）掷弹兵；（e）炮手；（f）匈牙利轻骑兵团士兵；（g）掷弹兵军官；（h）胸甲骑兵；（i）龙骑兵 ；（j）摩尔多瓦轻骑兵团士兵

开创沙皇俄国历史的彼得大帝（1682年4月~1725年2月8日在位）是第一位注意到军人服装的俄罗斯君主，这位曾经游学欧洲的俄国皇帝大力推行西方文化，并且钦定了俄国军队的制服——以萨克森公国的制服为蓝本，上装为墨绿色长襟大衣，内装搭配的是红色的坎肩，下装配马裤、长筒袜和低帮皮鞋，还有一顶三角帽。这套制服成为俄国历史上第一套正式的军服，并成为后来俄国军服配色的范本。

叶卡捷琳娜二世和彼得大帝一样是俄国历史上的著名君主，他们对军服的设计风格也颇为一致。叶卡捷琳娜二世统治时期（1762年7月9日~1796年11月17日），俄国军队的服装更具有实用性和俄罗斯民族风格。叶卡捷琳娜二世在位的三十几年中，俄国版图大大拓展，俄国军队迅速壮大。

18世纪末，保罗一世（1796年11月17日~1801年3月23日在位）登基后颁布命令按照普鲁士风格重新制作军服，还硬性规定军人要戴假发、梳辫子，这引起了很多高级将领的不满。

普鲁士陆军军服

▲ **18世纪后期普鲁士陆军军服**

（a）第1近卫营火枪手；（b）近卫掷弹兵营士兵；（c）第1近卫营掷弹兵；（d）第7步兵团掷弹兵；（e）步兵团军官；（f）步兵团火枪手；（g）燧发枪兵；（h）第23步兵团火枪手；（i）第48燧发枪兵团士兵；（j）第18步兵团火枪手

1701年1月18日，腓特烈·威廉·冯·霍亨索伦在柯尼斯堡加冕成为普鲁士国王。普鲁士王国是德意志帝国的前身，本是德意志诸侯国之一，奉行带有强烈封建色彩的军国主义，统治阶层被具有浓厚中世纪“条顿骑士精神”的容克贵族地主阶级垄断。政治经济社会管理都带有军事化色彩，军队建设是国家事务的重中之重，以至于普鲁士成为名副其实的“军中之国”。由此带来的后果，就是连文化艺术甚至人的思维都带有浓重军事化特质，其表现就是独特的“制服崇拜”，并孕育了两个新的词汇“Prussian blue”（普鲁士蓝）和“uniformieren”（制服化的思想，意即被钳制、被统一的思维）。

所谓“普鲁士蓝”，是指普鲁士境内无处不见的耀眼的蓝色军服，说明穿着者之多。普鲁士立国后设立常备军，但是当时普鲁士国家的经济力量还颇为有限，普军的数量又很庞大，所以当时的普鲁士军人并非常年脱离生产专事训练，而是每年集训两个月，其余的时间里，士兵们则离开兵营回到家中从事农业或其他生产活动。军队每年发给士兵们两套军服，而军人们为了节省衣服的开销，回到家中从事生产时依然身穿天蓝色的军服；而且那些退役的军人，也依旧穿着过去节省下来的军服。于是在普鲁士大地上，放眼望去，看到的常常是一片蓝色的海洋，德语中也就多了一个词汇：“普鲁士蓝”。与法国军队和奥地利军队略显花哨的军服相比，普鲁士军队的军服在样式方面更庄重。

▲ 七年战争（1756~1763年）中的普鲁士陆军第1步兵团士兵

奥地利陆军军服

▲ **18世纪中期奥地利陆军步兵军服（1742~1765年）**

（a）约瑟夫·埃斯特黑齐步兵团军官；（b）萨克斯·哥达步兵团掷弹兵；（c）拉西步兵团步兵；（d）辛布森步兵团步兵；（e）哈勒步兵团掷弹兵；（f）彼得瓦顿步兵团军官；（g）炮兵；（h）工兵军官；（i）格拉迪斯卡步兵团军官；（j）神枪手团士兵

奥地利是欧洲传统强国，18世纪中后期，奥地利与英国、法国、俄国、普鲁士并称为欧洲五强。奥地利陆军制服的样式与欧洲其他国家的陆军制服相似，主色为白色，副色为红色，对应奥地利公国的白红双色国旗。

美国陆军军服

▲ **18世纪后期美国陆军步兵军服**

在美国还是英国殖民地的时候，英国陆军和海军陆战队是“红衣军”，为了和英军区别开来，美国大陆军就采用了蓝色军服。独立战争期间，美国大陆军士兵军服多为带红翻领的蓝色上衣，白色绑腿式长裤和黑皮鞋，头上是黑色三角帽。此外，还有大批民兵直接穿民用服装。

美国海军军服

▲ **1776年美国海军军服**

▲ **1797年美国海军军服**

独立战争爆发之初，美国海军军官佩戴英式黑色三角帽，身着带金边的红色衬衫以及深蓝色外套。1777年，改成了法式白色衬衫和深蓝色外套。

第3章

19世纪的军服

19世纪初，拿破仑率军队席卷了整个欧洲，促使欧洲的军队和火炮发生重大变革，特别是军事制度，因为实施全民征兵制，使得战争规模庞大、史无前例。到19世纪中后期，多个国家完成了工业革命，世界格局发生了巨大变化。

法国陆军军服

▲ **19世纪初拿破仑战争时期法国陆军线列步兵军服**

（a）掷弹兵；（b）掷弹兵(厚大衣)；（c）燧发枪兵(行军服)；（d）散兵；（e）掷弹兵下士(行军服)；（f）掷弹兵鼓手；（g）燧发枪兵

▲ 19世纪初拿破仑战争时期法国胸甲骑兵（左）和近卫枪骑兵（右）军服

拿破仑时代的法国军队所穿着的制服极为华丽耀眼，同时代的观察家毫不掩饰对法军制服的惊讶与艳羡。拿破仑战争的老兵在晚年的回忆录中有时候也会流露出对他们从前所穿着的庄严华美的军服的怀念之情，认为再没有比它更完美的制服了。1840年，拿破仑的遗体被运回巴黎时，他的金色灵柩由一队老兵护送，而这些老兵依然穿着他们已经褴褛褪色的老旧军服。

拿破仑时代的法国陆军制服以蓝色为主色，胸部有白色衬底，衣领袖口为红色，普通军队戴双角帽，近卫军戴高筒皮帽，上有彩色翎羽。这些制服的价格非常昂贵，例如一个普通法国步兵的全部制服要花费250法郎，一个近卫猎骑兵配齐全套行头共需花费950法郎，一个常规步兵团的掷弹兵制服需要300法郎，而一套骑兵制服通常需要500法郎以上。装备最贵的是那些有盔甲保护的重骑兵，每人大约需要2000法郎之多。

在法国陆军各大兵种中，制服最华丽的莫过于骑兵。法国骑兵的基本制服被称为“佩里斯”（Pelisse），源自匈牙利的“阿提拉夹克”。佩里斯拥有烦琐扣式，本质上是一种短夹克，并且在袖口、领口有皮毛装饰。一般情况下，佩里斯是为寒冷天气准备的衣物。佩里斯的内里有专门的固定绳，可供骑兵当作披风来穿。有时

▲ 19世纪初拿破仑战争时期法国陆军炮兵军服

骑兵们也会套上左袖，方便行动。

拿破仑于1815年被击败，至此拿破仑战争结束。战后，法国陆军将原来的白裤变成了红裤，其他地方并没有太大的变化。到了19世纪60年代，法国陆军的军服更为简化，就连高筒帽也退出了历史舞台，改为更实用的扁平帽。1870年的普法战争使得法国退出一线强国，当时的法国陆军军服更加强调红色和蓝色，这种军服一直延续到一战时期。

▲ **19世纪初拿破仑战争时期法国陆军轻骑兵军服**

法国海军军服

▲ 19世纪初拿破仑战争时期法国海军军官军服

19世纪初，法国海军的制服依然延续18世纪的风格。将领头戴双角帽，身着深蓝色上衣和白色长裤；水手的制服同样以蓝白两色为主，样式相对简单。

19世纪50年代后期，法国海军引入了流行至今的海魂衫。海魂衫最早的由来可追溯到法国西北方的布列塔尼地区，该地区的水手从19世纪20年代就开始穿着蓝白相间的条纹衫。最初的海魂衫是由质地细密的棉布织成，可为出海的水手起到防风防晒的作用。它的最大实用功能是：当有人不小心从甲板掉入海中时，船上的人可以快速发现他。1858年，法国海军将它选为制服，规定需由20毫米宽的21条白色条纹和10毫米宽的21条蓝色条纹组成。此后，海魂衫逐渐风靡全世界。

▲ 19世纪初拿破仑战争时期法国海军陆战队军服

▲ 法国海军海魂衫

英国陆军军服

▲ 19世纪初拿破仑战争期间英国陆军步兵军服

▲ **1854年英军指挥官军服**

19世纪，随着火药的广泛使用，尽管方阵和肉搏仍是陆战的主要方式，但双方交战的距离被火枪或火炮的距离拉开。到拿破仑战争期间，英国陆军的红色军服渐渐地显现出其不足，敌人完全可以在远距离上发现那一簇簇红色的目标，红色军服成为敌人火枪打击的活靶子。另外，由于英国陆军士兵远征海外的日子越来越多，例如在炎热的非洲，一味要求穿红色军服不能适应作战区域的环境需要。

19世纪后期，英国陆军士兵军服发生演变，红色军服逐渐为黑、灰、白、蓝、黄等颜色军服替代。到1900年第二次布尔战争期间，英国陆军正规部队已经全部放弃红色军服，而改为以暗色军服为主。

▲ **1880年英国陆军军服**

英国海军军服

▲ **19世纪初拿破仑战争时期英国海军军服**

与18世纪相比，19世纪初英国海军的制服没有太大变化，最突出的变化是水手帽后面加上了两条飘带。1805年，拿破仑军队入侵英国，英国海军统帅霍雷肖·纳尔逊率领舰队与法国舰队激战，打败了拿破仑舰队。战斗中，纳尔逊将军重伤身亡。英国海军为他发丧时，全体水手都在帽后缀上两条黑纱，表示悼念和敬重。自此以后，英国海军水手帽就正式缀上了两条飘带。由于飘带所具有的测风和装饰作用，逐渐为各国海军所仿效。

▲ **霍雷肖·纳尔逊**

▲ **19世纪初英国海军水手帽**

英国海军陆战队军服

▲ 1807~1854年英国海军陆战队军服

▲ 1854~1900年英国海军陆战队军服

海上活动是英国海军陆战队的主要任务，但是他们通常也是在岸上执行紧急任务的一支部队。虽然海军陆战队与海军的编制密不可分，但是他们还是根据陆军的要求来进行基本军事技能训练，所以他们能和陆军部队融为一体。在军服的样式和颜色上，海军陆战队也与同时期的陆军相近。

俄国陆军军服

1801年，俄罗斯帝国第十位皇帝亚历山大一世（1801年3月23日~1825年12月1日在位）登基后，很快废除了保罗一世关于军服的规定。由于当时俄国贵族阶层对法国文化的推崇，亚历山大一世也不能免俗地将新制服设计成了法国军服的样式。因此，具有俄国传统风格的三角帽换成了圆筒帽，低帮皮鞋换成了马靴，长上衣变成了类似燕尾服的短上衣。

亚历山大一世时期的军服持续使用了80年，直到亚历山大三世登基后才大幅改变。1881年，亚历山大三世登上皇位后，开展了一场“复古运动”。彼时俄国已经十分强大，军服的设计也开始回归俄罗斯传统民族服装的样式。最具特色的一点是，新式军服上没有任何扣子，这样既简洁又方便实用，还能增加隐蔽性。这套军服固然实用，但是美观性就打了折扣，导致不少军官将其列为退役的理由之一。

值得一提的是，19世纪俄国军服出现了肩章，不同的兵种肩章各不相同。龙骑兵、胸甲骑兵、格列那结尔兵就是以不同颜色的肩章、头盔、纽扣及帽缨等作为识别标志的，甚至连坐骑都按毛色分开。

▲ 19世纪初拿破仑战争时期俄国陆军近卫步兵军服

▲ 1855年俄国陆军步兵军服

▲ 19世纪初拿破仑战争时期俄国陆军骑兵军服

▲ 1877年俄国陆军（左一、左二）和海军步兵（右一）军服

普鲁士陆军军服

▲ **19世纪初拿破仑战争期间普鲁士陆军步兵军服**

19世纪初拿破仑战争时期，普鲁士陆军的军服以深蓝色为主色，正规军帽徽为白色圆环，后备军为白色十字。近卫军帽子上有白色环绕线条，领子和袖口有白色装饰物。

1871年，普鲁士取得普法战争的胜利，统一了除奥地利帝国外的德意志全境，建立了德意志帝国，普鲁士军队也转变为德意志帝国军队。随后，帝国开始了针对德意志诸邦军事统一的系列政策，包括军事组织和军服的统一性等。普鲁士王国在统一德意志的进程中占主导地位，贡献也最大，因此，普鲁士的军事架构也一并安排到了其他邦国的军队中。德意志帝国的主体由四个王国（普鲁士、巴伐利亚、萨克森、符腾堡）的军队组成，其他邦国、封邑和城邦则直接向普鲁士陆军提供兵力。统一之后，

▲ **19世纪初拿破仑战争期间普鲁士陆军骑兵军服**

这些邦国皆使用与普鲁士相同的军服，但在一定程度上给予他们在军服细节上保留自己传统的空间。原野灰色军服和装备的诞生，不仅标志着德国在军事现代化上所迈出的重要一步，更是后期纳粹德国军服的始祖。

▲ **19世纪70年代德意志帝国陆军军服**

奥地利陆军军服

▲ **19世纪初拿破仑战争时期奥地利陆军军服**

从左至右依次为掷弹兵（匈牙利）、线列步兵（匈牙利）、线列步兵（德意志）、掷弹兵（德意志）

19世纪初拿破仑战争时期，白色军服是奥地利帝国陆军步兵的一大特征。当时，奥地利帝国军队主要由德意志人和匈牙利人组成，在军服上也有区分，德意志部队裤子为白色，匈牙利部队裤子为蓝色。1867年6月，奥地利帝国正式改组为奥匈帝国，军队制服颜色以深蓝色为主。

▲ **19世纪初拿破仑战争时期奥地利军队指挥官制服**

符腾堡陆军军服

▲ **19世纪初拿破仑战争时期符腾堡王国陆军步兵军服**

符腾堡王国是莱茵联邦的创始成员之一。莱茵联邦是俄罗斯帝国沙皇亚历山大一世和奥地利帝国皇帝弗朗茨二世于奥斯特里茨战役战败后由拿破仑所建立，是1806~1813年间于德意志地区的政治实体。根据条约，莱茵联邦平常由一个宪法权力的组织管理，但莱茵联邦各邦国都拥有独立的主权。莱茵联邦亦是一个军事同盟：各邦国有义务向其保护人拿破仑提供一定数量的军队助战。

巴伐利亚陆军军服

▲ 19世纪初拿破仑战争时期巴伐利亚王国陆军步兵军服

巴伐利亚王国是德意志地区曾经存在的一个王国，也曾是莱茵联邦、德意志联邦以及德意志帝国的组成国。该国于1805年由原先的巴伐利亚选侯国升格而来，并持续存在到1918年。自1918年巴伐利亚王国和德意志帝国灭亡以来，巴伐利亚便成为德国的一部分。

▲ 19世纪初拿破仑战争时期巴伐利亚王国陆军骑兵军服

萨克森陆军军服

▲ **19世纪初拿破仑战争期间萨克森王国陆军军服**

1806年，神圣罗马帝国覆灭，萨克森王国从中独立，腓特烈·奥古斯特一世成为王国君主。1806~1918年，萨克森王国历经七位国王，在拿破仑时代是数个历史性联盟的独立成员。1918年，萨克森王国并入魏玛共和国。

汉诺威陆军军服

▲ **19世纪初拿破仑战争期间汉诺威王国陆军军服**

汉诺威王国是1814年10月因维也纳会议而建立的王国，由乔治三世恢复他在拿破仑时代失去的汉诺威领地。它继承不伦瑞克-吕讷堡选侯国（非正式称为汉诺威选侯国），于1815年6月加入德意志联邦。汉诺威王国是由韦尔夫家族的一个年轻分支汉诺威王朝统治，与大不列颠及爱尔兰联合王国组成共主邦联直到1837年。汉诺威王国于1866年被普鲁士王国征服。1871年1月，汉诺威成为德意志帝国的一个省。

西班牙陆军军服

▲ **19世纪初拿破仑战争期间西班牙陆军军服**

19世纪初，西班牙已经不能作为有影响力的大国决定欧洲局势，只能作为大国的附属同盟存在，甚至在拿破仑战争期间，被法国皇帝废黜了王位。

葡萄牙陆军军服

▲ **19世纪初拿破仑战争期间葡萄牙陆军军服**

1808年，半岛战争打响。葡萄牙王国本土被法国占领，王室迁都殖民地巴西的里约热内卢。不久，葡萄牙联合英国打击进犯的法军，成功解除困境，1815年收复本土，首都复迁回里斯本。拿破仑战争以后，葡萄牙再次回复平静。

荷兰陆军军服

▲ **19世纪初拿破仑战争期间荷兰陆军军服**

17世纪，号称“海上马车夫”的荷兰曾称雄一时。荷兰的繁荣持续了一个世纪，在18世纪中后期开始衰落。拿破仑战争时期，荷兰被法国吞并。

美国陆军军服

▲ 美国南北战争时期北方联邦军陆军军服

▲ 美国南北战争时期南方邦联军陆军军服

19世纪60年代南北战争时期，美国北方联邦军身着深蓝色上装、天蓝色长裤和黑色皮鞋，头戴平顶圆帽。南方邦联军为了区别，采用了灰色军大衣和蓝色长裤，头戴略帽。战场上，蓝色和灰色的两股洪流冲撞在一起，便意味着残酷的搏杀。南北战争胜利后，美国陆军继续采用法式军服。

▲ 罗伯特·李陆军上校常服（1864年）

▲ 乔治·米德陆军少将常服（1860年）

▲ 皮埃尔·博雷加德陆军上将常服（1860年）

美国海军军服

▲ 1802年美国海军军服

19世纪前期，美国海军的整体实力一度处于世界领先地位。19世纪60年代美国南北战争以后，美国被国内事务所吸引并估计没有外来的危险，允许它的海军放弃力量和技术方面的领先地位。19世纪80年代，美国海军开始复兴。到1904年前后，美国海军已经拥有一支相当引人注目的海上力量。

从19世纪初到20世纪初，美国海军的军服不断演变，出现了许多延续至今的元素。例如，美国海军水手服一般带有坎肩，这是为了在搬运东西时保护肩部。相对于陆军军服，水手服采用大开领的非束领口并配有围巾式领带，这是为了减少晕船时对喉咙的刺激和及时处理呕吐物。此外，由于舰艇里面各种凸出物件特别多，如果衣服上有各种凸起或者襻绊扣设计，那么就很容易被勾住，因此水手服都是无盖无扣的，甚至没有口袋。同时，水手服采用肥大的裤管设计，以便于冲洗甲板和弃舰逃生时可以及时挽起裤管。水手帽采用无檐设计，以避免被舰艇的各种凸出物件勾挂。

▲ 1812年美国海军军服

▲ 1830年美国海军军服

▲ 1841年美国海军军服

▲ 1852年美国海军军服

▲ 1862年美国海军军服

▲ 1898年美国海军军服

美国海军陆战队军服

▲ **19世纪40年代美墨战争期间美国海军陆战队军服**

在美国各军种中，海军陆战队的军服是唯一带有美国国旗红、蓝、白三种色彩的军服。其中，海军陆战队士兵裤子上的红色条纹是一个非常醒目的元素，其正式名称为“血条”（blood stripe）。它源于美国海军陆战队在美墨战争期间参加的查普尔特佩克堡战役。

1847年，美国海军陆战队顺利攻下了墨西哥首都查普尔特佩克山顶上的要塞——查普尔特佩克堡，但这是一场相当惨烈的战斗，美军部队损失惨重。为了纪念海军陆战队在查普尔特佩克山上的英勇战斗和惨烈牺牲，1849年起开始在海军陆战队军服裤子上缝制“红色长条”，喻示着“海军陆战队流淌在查普尔特佩克山上的鲜血”。

“血条”分为三种，其中士官使用2.8厘米（1.12英寸）宽的“血条”；尉官及校官使用3.8厘米（1.5英寸）宽的“血条”；将官使用5.1厘米（2英寸）宽的“血条”。并非所有陆战队员都有资格佩戴“先烈的血”，在美国海军陆战队中，“血条”仅仅授予士官和军官。自1904年起，美国海军陆战队官方对其进行规范化。

第 4 章

一战时期的军服

一战（1914年7月28日~1918年11月11日）是欧洲历史上破坏性最强的战争之一，交战双方分为同盟国和协约国。德意志帝国、奥匈帝国、奥斯曼帝国、保加利亚王国等国属同盟国阵营，大英帝国、法兰西第三共和国、俄罗斯帝国、美利坚合众国和意大利王国等国则属协约国阵营。

英国陆军军服

▲ 英国陆军士兵常服（大檐帽）

▲ 英国陆军士兵常服（钢盔）

1902年，英国陆军正式使用绿棕色作为军服颜色，也就是P1902制服。这种制服采用开襟西装设计，由于当时没有专门的作战服，所以P1902制服既是常服也是作战服。最初苏格兰部队依然采用具有苏格兰传统特色的圆形下摆制服，随着战争进程的推进，苏格兰人也不得不向后勤妥协，使用通用样式的制服上衣。

到1915年加里波利战役初期，大部分英国陆军士兵还是穿着适合欧洲战场气候的制服。这种制服使用纯羊毛制造，比较厚实，在欧洲穿着较为舒适，但并不适合地中海炎热的气候，再加上热带制服配发不到位，导致战壕中的士兵不得不把裤腿剪短，只穿衬衣打仗。

在大檐帽配发之前，英国陆军士兵头上不是便帽（Forage Cap）就是凉盔 （Pith Helmet），1905年开始配发的常服帽让部队整体颜色不再有突兀感。苏格兰部队为彰显特色，依然使用苏格兰船帽（Glengarry Hat），但是这种帽子在战场上不易打理，还会暴露自己，所以最早由苏格兰边民团使用的TOS帽（Tam O Shanter Bonnet）也成为高地团和低地团的战壕帽。此外，近卫部队的常服帽也和通用常服帽有所区别，采用垂直向下的帽檐。

随着战争进入堑壕战阶段，布质的帽子抵挡不了横飞的弹片，于是法国人制造了亚德里安盔，英国人也紧随其后，于1915底配发了MK1布罗迪钢盔（MK1 Brodie Helmet）。由于原先配发的硬质大檐帽不方便携带，所以配发了一种软式的战壕软帽（Trench Cap），可以叠好存放在大背包内。在寒冷的冬季，英国陆军士兵们会在冰冷的钢盔底下套上巴拉克拉瓦（Balaclava）头套或者毛织绒帽（Scarf Original）。

▲ 英国陆军军官常服（大檐帽）

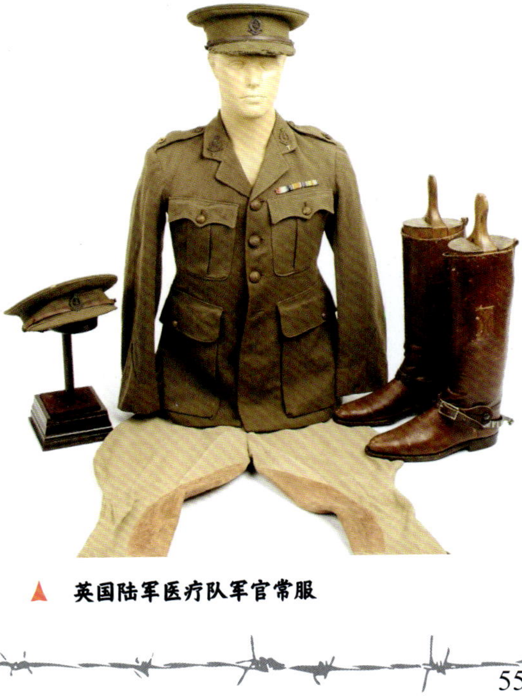

▲ 英国陆军医疗队军官常服

▲ 凉盔

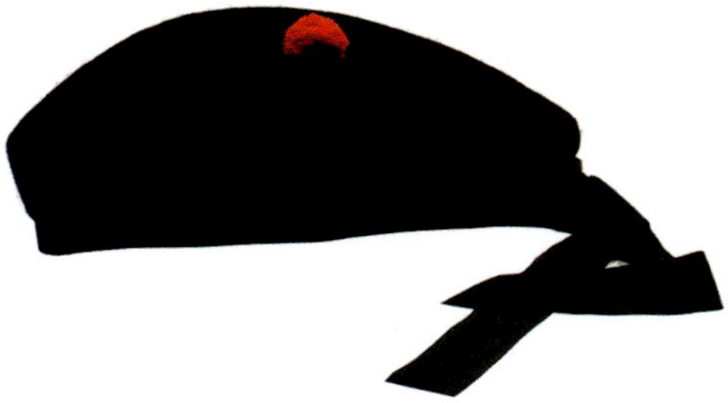

▲ 苏格兰船帽

▲ 常服帽

▲ TOS帽

▲ MK1布罗迪钢盔

▲ 绑腿和军靴

一战初期，英军陆军使用的是棕色方头毛面短靴，随着战争的进行，由于鞋油、鞋蜡和污垢等附在皮面上，逐渐变成黑色。至于绑腿，英国陆军规定绑腿使用平纹式打法，但也有人使用鱼纹式打法。

装具方面，英国陆军配发P1902制服后，开始配发P1903斜跨子弹袋，分为步兵版和骑兵版，步兵版为5个弹盒，骑兵版为9个弹盒，因为骑兵不需要背包。1908年，开始配发P1908装具，设计要求是可以快速穿戴和脱下，把所有负重集中在腰带上，并用背带做辅助，分担重量。这种设计很受英军和英联邦部队的欢迎，一直使用到二战初期。

1914年，为了填补前线编织布装具的巨大缺口，英国陆军开始配发全皮革制造的P1914装具，主要配发本土军士兵。这种装具极为沉重，这也被认为是索姆河会战英军伤亡惨重的原因之一。

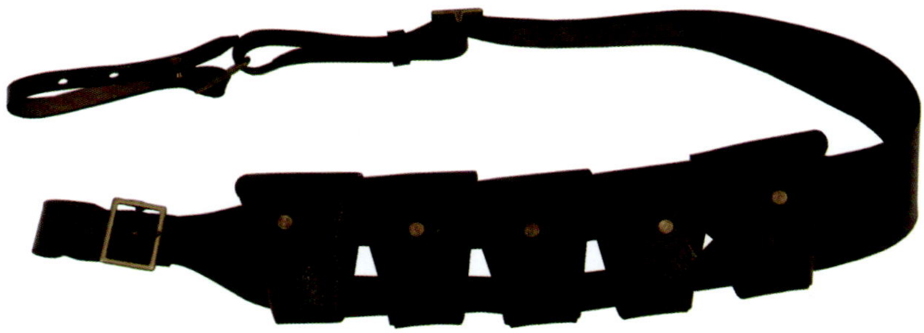

▲ P1903斜跨子弹袋步兵版

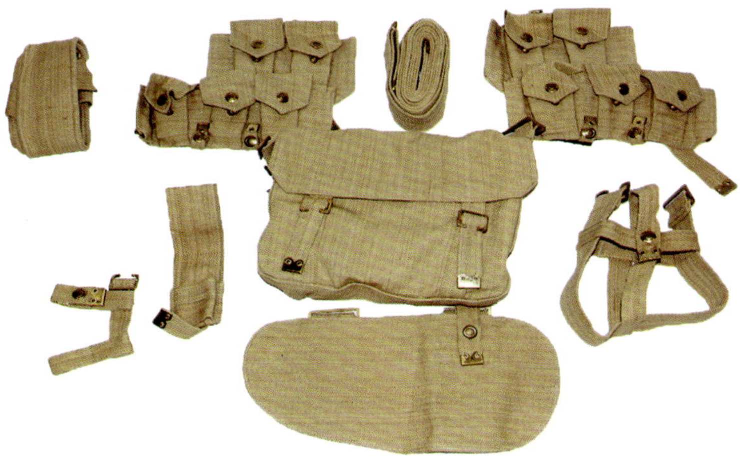

▲ P1908装具

英国海军军服

▲ 英国海军军官常服

▲ 英国海军水手服

一战时期，专用作训服尚未普及，英国海军都是用水兵服和军官常服作为日常作战和训练时穿着的服装，因此其设计上有着非常强的实用性和海军特色。当时，英国海军的制服仍以深蓝色为主色。这种深色的制服比较耐脏，在海水淡化技术没有在舰艇上大规模应用之前，在茫茫大海上基本没有洗衣服的

▲ 英国海军步兵师士兵常服

机会，因此海军官兵们穿上一件耐脏的制服是非常重要的。而进入全球化时代以后，英国海军发现，热带地区的太阳暴晒使得穿着深色军服简直就是遭罪，因此逐渐开始为热带地区服役的海军人员配发反光率最高的白色军服，由此奠定了白色在海军军服中与深色分庭抗礼的地位。

一战爆发之初，英国海军还成立了步兵师，由预备役人员和志愿者组成，他们不需要在海上服役。该师军官配发的制服是陆军样式P1907常服，但是为了与陆军有所区别，采用了海军传统的袖圈和巴斯星组合，帽子则是海军黑帽套上卡其色帽罩或是陆军常服帽围一圈黑帽墙。帽徽最初是刺绣的，后期因物资紧缺改用金属的。最初的海军步兵由于没有配发陆军的P1902常服，所以还是使用水手服作战，直到加里波利战役时才换上陆军样式的作战服和装具。

英国空军军服

▲ 英国空军军官常服

▲ 英国空军中士飞行员常服

英国空军创设于1918年4月1日，为世界上第一支编成独立军种的空军。一战期间，英国空军飞行员身着P1912制服，上衣的款式有所改进，前衣襟加长并压到了肩膀的位置，没有配备肩章。上衣口袋最初采用纵向开口设计，由于使用不便，后来改为横向开口。空军军官制服的样式与陆军相似，但在左胸部位绣有飞行员标志。

英国海军陆战队军服

▲ **1900～1923年英国海军陆战队军服**

一战初期，英国海军陆战队士兵依然使用深蓝色立领制服、水兵帽和灰绿色绑腿，后期开始换上英国陆军的P1902常服，作战装具与英国陆军相同。军官制服几乎和陆军一模一样，只有帽徽、领章和扣子有所区别。

法国陆军军服

▲ 一战初期法国陆军士兵军服

▲ 1915年底法国陆军士兵冬季常服

▲ 1915年法国陆军士兵束腰常服

1912年，法国陆军官兵还穿着19世纪时的红军帽、深蓝上衣、红长裤。法国陆军部长梅西米在巴尔干前线观战时，注意到保加利亚人因为军服颜色的暗淡而受益匪浅。他回国之后便决心改革法国军服，提出将军服改成从头到脚一致的蓝灰色或青灰色，结果招来一片气势汹汹的抗议之声。后来，直到法国陆军在一战初期因显眼的军服伤亡惨重，才在1914年底换上了蓝灰色军服。此外，法国陆军官兵还迎来了一件革命性的装备——亚德里安钢盔。

▲ M1915型亚德里安钢盔

一战期间，交战双方各自占据战线一侧，凭借大量堑壕、工事对垒。对于防守方来说，虽然士兵的身体有工事掩蔽，但人体最重要的头部却暴露在外，很容易受到敌方火力的伤害，即使是远处射来的流弹和弹片也会导致严重的后果。特别是专门杀伤有生力量的空爆弹和榴霰弹，弹片几乎是垂直落下，对于战壕中的士兵来说是最致命的克星。因此，法国陆军装备了由路易斯·亚德里安将军发明的M1915型亚德里安钢盔，大大降低了士兵的伤亡率。作为最早的现代头盔，亚德里安钢盔顶部有一条纵向隆起部分，并有外接式盔檐，这些都是传统头盔上装饰部分的遗留痕迹。

▲ 法国陆军军官常服

俄国陆军军服

▲ **俄国陆军军官军服**

从左至右依次为总参谋部上尉、炮兵上将、骑兵上将、医疗部队上校

▲ **俄国陆军近卫军军服**

从左至右依次为近卫枪骑兵团志愿兵、近卫步兵团列兵、近卫轻骑兵团上尉、近卫哥萨克团首领

▲ **俄国陆军步兵军服**

从左至右依次为步兵中校、步兵列兵、掷弹兵上士、掷弹兵上等兵

1894年，俄罗斯帝国沙皇尼古拉二世（1894年11月1日~1917年3月15日在位）执政后进行了军服革新。他发明了作战服和便服两种不同功能和款式的军服。作战服以实用为主，打仗不怕累赘；便服以炫耀为主，剪裁精细，装饰华美，很快成为年轻人趋之若鹜的流行服饰。

▲ **俄国陆军战列骑兵军服**

从左至右依次为马拉炮兵团下士、轻骑兵团大尉、龙骑兵团骑兵

美国陆军军服

▲ **美国陆军士兵常服**

20世纪初，美西战争中的古巴战役后，美国陆军开始换装一种卡其色（他们采用的卡其色是一种深黄褐色，也被称为草绿色）制服。配发给步兵的制服大部分是在1912年左右引入的款式。

美军步兵通常穿着一件羊毛材质的卡其色上衣（M1912式），上面配有五枚带有白头海雕图案的青铜纽扣。他们使用的卡其色以草绿色为主，但由于布料的使用时间、制造地点和布料磨损情况不同，可能会呈现出不同的色调。步兵上衣最初有4个口袋（在1918年进行改进的版本配有隐藏口袋），还有肩带和一个立领。步兵在衣领两侧都佩戴着一枚圆形徽章（其设计可以追溯到1902年），尽管这些徽章有时是由涂漆的皮革而不是金属制成的。其中，右侧的圆形领章上标有代表常备部队的字母缩写“US”，或代表国民警卫队的“USNG”，或代表选派和征兵部队的“USNA”。这些用来区分部队类型的徽章在1918年被逐渐淘汰。在此之前，美军一些步兵团还设法配发了他们自己的特定版本圆形领章（带有团编号数字）。佩戴在左侧衣领的圆形领章则表示佩戴者所属部队的类型，比如步兵的徽章上带有交叉步枪图案（有时还带着团编号或代表连队的字母，有时也带其他字母，如代表机枪手的“MG”也会附在徽章上）。在卡其色上衣里面，步兵们通常穿着一种军队配发的衬衫，围巾或领带也是常见的补充物品。

▲ 美国陆军步兵夏季常服（船形帽和大檐帽）

美军的马裤由与上衣相同的材料制成，有两个侧袋和两个后袋。但这种马裤采用了在膝盖以下扣紧的设计，不是特别适合行军。在冬季，步兵们通常穿着一件双排扣大衣，每排有4枚与上衣相同样式的纽扣。这款大衣被设计得过长，前线官兵发现它在潮湿的地方或泥地上很快就会变得异常沉重；于是，它在1918年被改短了。美军有时会配发帆布防水雨衣，军官们则经常在当地定制或购买风衣，带帽的斗篷也时常在他们身上出现。在夏天，步兵部队还可选择一种与羊毛制服采用相同裁剪方式的棉质制服。

▲ 美国陆军步兵夏季常服（钢盔）

美国人刚抵达法国时的最明显标志就是他们头戴的圆顶帽（Round Hat）。但这种帽子对坏天气或其他任何东西都不能提供什么防护，因此很快就被降级到仅在后方使用。步兵戴的蒙大拿帽上缠着蓝色绳子，军官缠的则是金色和黑色绳子。一些被部署在法国的美军部队得到了亚德里安钢盔，那些隶属于法军步兵师的美国黑人同样得到了这种装备。此外，也有部分美军部队使用英式头盔。

实际上，美军已经购买了约40万顶英制头盔。它的美国版本（M1917式）也匆匆配发部队，而且一般被涂成绿色。美军的M1917式钢盔几乎与英制版本完全一样，只有衬里和序列号能表现出两者的不同。另外，头戴船形帽的美军在战壕内外也很常见（军官的船形帽通常配有蓝色镶边，将军则配有金色镶边）。抵达欧洲后，美军使用的老式军靴很快就被淘汰了。1917年，他们配发了一种新式军靴——潘兴靴。这种靴子是棕色的，靴底镶满了鞋钉。在美军中，潘兴靴一般搭配着布制绑腿使用，不过有些帆布制鞋罩还是被一直用到了1918年。

▲ **M1917式钢盔**

▲ **潘兴靴**

最初，美军士官的两个袖子上都佩戴着军衔等级徽章（由棕色布料制成的V形标志），但后来条例规定徽章应该佩戴在右侧袖子处（左侧取消）。美军军官则是在他们的肩带（通常缝有金属丝线）或外套的袖口（配有黑色的打结纹饰）上佩戴着金属条纹，上衣袖口处也饰有花边。一般来说，军官制服比士兵制服的质量更好，色调通常也更偏绿。军官们通常不佩戴圆形领章，而是在衣领一侧直接佩戴相关的首字母缩写（“US”或“USNG”或“USNA”），在另一侧佩戴部队类型徽章（如步兵的交叉步枪标志）。军官们通常穿皮靴，打布制绑腿，或者穿一双棕色绑带靴（它也被称为飞行员靴）。

美国空军军服

▲ 美国陆军通信兵航空处飞行员常服

▲ 飞行员胸徽特写

▲ 飞行员领徽特写

一战时期，美国尚未组建正式的空军部队，但在1907年8月成立了陆军通信兵航空科，1914年7月改组为陆军通信兵航空处，1918年5月先后改组为军事航空处和陆军航空勤务队，1926年7月再次改组为陆军航空兵团。二战期间，陆军航空兵团被改组为陆军航空部队。1947年9月，陆军航空部队正式改组为空军。

一战期间，陆军通信兵航空处人员所穿的制服与陆军步兵部队基本相同，但佩戴了独特的飞行员徽章和标志，包括胸徽和领徽，用于表明佩戴者的资历和身份。例如，飞行员胸徽分为见习飞行员、初级飞行员和高级飞行员。此外，还为飞艇飞行员配发了专门的徽章。

美国海军军服

▲ 1900年美国海军军服

▲ 1905~1913年美国海军军服

▲ 1917~1918年美国海军军服

▲ 1918~1919年美国海军军服

▲ **1922~1931年美国海军军服**

一战时期，粗呢短大衣是美国海军的标准制服。这种衣服最早出现在18世纪初，最初作为欧洲水手制服。粗呢短大衣的典型特征是大翻领、双排扣、刻有锚图案的纽扣、大口袋，以及厚重的布料。

美国海军陆战队军服

（a）　　（b）　　（c）

▲ **美国海军陆战队士兵军服**

（a）第6海军陆战团下士；（b）第6海军陆战团二等兵；（c）第5海军陆战团二等兵

一战时期，美国海军陆战队所穿的制服与美国陆军步兵类似，但也有一些明显的区分特征。在战争中，海军陆战队员所穿的上衣是从1912年开始配发部队的（1917年时有少量修改），它采用了一种被称为“森林绿”的颜色。最初，他们没有在衣领上佩戴圆形领章，但用于固定上衣的五枚按钮上带有该部队白头海雕、地球和船锚的图案标志。这种上衣配有尖角形袖口，两个袖子上最初都佩戴着军衔等级徽章。陆战队士官佩戴着红色和绿色的军衔等级徽章，与陆军的相关徽章不同。在外套里面，陆战队员通常穿一件配有尖角形口袋的衬衫，衬衫的领子有时可用来保护脖子免受粗糙外套摩擦。到1918年，海外服役V形臂章、战伤袖标和神枪手徽章也可以在他们的上衣上见到。

在炎热的天气里，陆战队员们一般穿着较轻的热带制服，但这些热带制服并未配发给驻法国的那些部队。在冬天，他们通常配有一件大衣（大衣的纽扣比上衣更大）。他们的裤子一般是森林绿的直筒裤而不是让人不舒服的马裤，士官裤子的外侧配有条纹。另外，陆战队员们很快就用绑腿和靴子（通常是褐色而不是黑色的）取代了在战壕中并不实用的鞋罩。

▲ 美国海军陆战队制服特写

海军陆战队于1917年抵达法国时戴着蒙大拿帽（也被称为柠檬榨汁器帽），帽子上配有海军陆战队徽章，但通常没有陆军那样的帽绳（尽管陆战队军官们可以配备一根红色和金色互相交织的帽绳）。这些军帽很快就被弃用，换成了英式头盔（头盔经常被涂成绿色，并配有一枚蜡印的帽徽）；或是在不值勤时，他们一般戴着一顶草绿色的船形帽，上面也配有帽徽。

海军陆战队使用的装具与步兵装具类似，不过弹药带的装饰性铆钉上再次印上海军陆战队的徽章，而且他们的装具比陆军的颜色更偏绿些。进入战场后，这些陆战队员会将自己巨大而笨重的背包放置在后方，换成轻便的手榴弹袋和各种面包袋。他们的帆布装具上有时会标着“USMC”或海军的标志。

大多数陆战队员都携带一把M1903式斯普林菲尔德步枪，且搭配M1905式刺刀——平常不用时会被放入织物或皮革刀鞘中，并在颈部佩戴一具法制或英制防毒面具；此外，士官和军官们通常携带手枪。在战争末期，大多数陆战队员都装备了M1917式防毒面具，这种防毒面具通常被装入帆布包里，挎在胸前，方便随时取用。和步兵一样，海军陆战队的军官们也佩戴一些特有标志。陆战队少尉们最初没有在肩带上佩戴金属条纹（它在1918年后才投入使用），但他们的普通腰带或山姆·布朗腰带的带扣、绑腿或是军帽上都配有陆战队的标志。

德国陆军军服

▲ 德国陆军步兵军服

武器装备和战争方式的改变意味着19世纪晚期的欧洲军事强国逐渐开始转离以前色彩斑斓的和平时期军服，寻求更加具有实用性和隐蔽性效果的军装，德国也不例外。经过多年（尤其在殖民地）的试验，德国军队在1907年推出了一套实用的原野灰色军服，并于1915年和1916年重新设计，这几次革新彻底改变了德国陆军的面貌。

一战初期，德国陆军最具有视觉识别特色的当属M1895式皮盔，这种带有尖刺的头盔设计风格来源于钢甲时代的头盔，最初是在1842年由普鲁士国王腓特烈·威廉设计，当时这个尖刺更大，并且加上了华丽的金属装饰片，虽然看起来很威武，但是颇为累赘。后来因为部队的不断抱怨和军队的扩充成本等原因，到1895年定型时，只保留了较小的尖刺和后遮盖的设计，隐约可见后世更经典的M1935式钢盔的形状。一战后期，德国陆军取消了头盔的尖刺设计，并在头盔两侧增加了兼作透气孔的凸起，定型为M1916/1918式头盔。不过，保罗·冯·兴登堡和埃里希·冯·鲁登道夫等德军元老仍然喜爱佩戴M1895式样的头盔。

总体来说，一战时期的德国军服

已经具备了后世德国军服的重要特征，由于继承自19世纪的军服，还有立领和翻领两种不同的风格，但是领章、肩章和军衔设计已经趋于稳定和完善。

▲ **头戴M1895式样皮盔的埃里希·冯·鲁登道夫将军**

德国海军军服

▲ **德国海军军服**

从左至右依次为海军中尉、岸防炮兵中尉、海军航空兵上等兵

一战时期，德国海军军官的普通工作服是海军蓝色的双排扣上衣和裤子，上衣上带有标志着军衔的金色的袖带。海上军官（指航海或在舰上战斗的军官）都在袖子上的环带上方展示皇室的王冠徽章，其他的军官，比如工程师、管理军火和鱼雷的军官或医生也被准许使用这种王冠徽章。除此之外，他们的天鹅绒领子面饰采用代表他们兵种的颜色：黑色代表工程师和军火官，亮蓝色则代表医疗兵。和平时期使用的是硬翻领和蝴蝶结式领结，而战时两者被废止，代之以软翻领加领带。

德国海军军官的帽子是带黑色马海毛帽墙（非海上军官的是天鹅绒的兵种色帽墙）的海军蓝色版本，上面带有被金色刺绣花冠环绕的德意志帝国的帽章。

1915年时，西线服役的海军岸上军官被允许穿类似陆军式样的野地灰色制服，但军衔仍然通过袖子上的海军式样的环带加以展示（或同时展示在肩章上）。帽子的帽冠则同为野地灰色。

海军陆战队在战时仍穿着他们在和平时期的海军蓝色制服。低阶士兵（列兵、一等兵和上等兵）身穿带传统海员宽领子的海军蓝色上衣和直筒裤来作为工作服。水手帽的黑色丝绸飘带的末端松散开。双排扣水兵外套则可穿在这身服装的外面，它采用开领设计，前襟为两排黄铜色纽扣。高阶海军士官（上士和中士）的服装相同，但带帽舌的帽子上佩戴着无花冠装饰的帽徽。准尉穿着军官制服，戴士官帽。实体或非实体的徽章都佩戴在左臂上，而准尉则佩戴在肩章上。裤子搭配护腿或绑腿穿着。

德国空军军服

▲ **德国空军常服**

从左至右依次为少尉、列兵、上士

一战爆发前，德意志帝国空军成立。由于空军是作为通信兵的一部分形成的，相应地它保留了许多这一兵种的制服风貌，尤其机师更是如此。战前他们的帽子是与轻步兵、步枪兵和海军营相同的平顶圆筒帽。野战中，圆筒平顶军帽被野地灰色的套子包裹保护起来，套子前方是绿色的营的数字番号。

M1910式军官和高级士官用野战帽（有时候被下级士官非正式地购买）采用野地灰色帽顶和黑色帽墙，帽顶一圈接缝和帽墙上下边缘带有红色滚边，帽舌和帽绳则是黑色皮革制作的。帽子上带有通用帽章，帽顶上的帽章为帝国的黑、白、红三色，帽墙上的帽章则采用各州自己的标志色，比如普鲁士是黑、白、黑，巴伐利亚是浅蓝、白、浅蓝，萨克森是绿、白、绿。义务役军人的也是同样颜色，只是没有帽舌和帽绳。

军官的M1903式双排扣便服上衣在领子、前襟和上翻的袖口上展示兵种色的滚边，扣纽扣的浅灰色单色领章装饰上了代表各个营的彩色滚边。各级别军人在肩章或肩章带上都佩戴带飞翼的螺旋桨图案的徽章，军官的是镀金色的金属版本，义务役军人的则是红色布料制版本。1914年2月开始，浅灰色的椭圆形徽章戴在上衣和大衣的左上臂位置，徽章上显示着红色的各营的数字番号。

1915年9月开始采用的进行了诸多改进的军官和士兵用野战上衣上可以看到一些展现飞行部队特征的变化。新式野战帽采用了野地灰色的软皮帽舌（军官和高级士官用），而一些下级士官和士兵经过授权后也可自费在野战帽上加上这种帽舌。军官的肩章保留了浅灰色底衬，义务役军人的肩章带则是浅灰色的并装饰营的标志色滚边、红色螺旋桨徽章和营的数字番号。军官和士兵的双排或单排铰合纹面饰被简化或变成暗色，而战时成立的巴伐利亚的飞行部队干脆将它们取消掉。

一战时期，德国空军所有飞行员，尤其是在热气球、飞艇和高空摄像部队服役的飞行员，都要与寒冷做斗争。战争初期，低航速和低空飞行让飞行员只需穿着比在地面时的制服稍暖和些的制服。之后，更高海拔高度下，那些厚重的毛料装束变得不太合适，并且在穿越云层后，变得潮湿进而结冰时，它们反成了致命的因素。它们最为普通的替代品是既温暖又透水的皮革。飞行员在1913年12月开始采用特殊服装，但在数月之后这种特殊服装才得以充分装备部队。许多飞行员将制式的和私人购买的服装和装备混搭使用，这成为在整个战争期间都持续的一种传统。

飞行员的制式头盔由皮革制造，底部边缘带有厚加衬，而包裹脑壳的部位由毡子加皮革的材料制作。皮革做的帘子护住后脖颈，另一端的帘子则可作为帽舌来使用。个人也会自行购买适合自己的头盔。

制式的黑色双排扣皮大衣和裤子是以提供给运输车司机的版本来设计的。大衣下面是又长又厚的野地灰色毛衣。毛围巾也得到了装备，但它更多的是宣示个性化的一种方式——许多围巾是私人购买的或是家庭或崇拜者的礼物。每个人还得到了两双皮手套，其中一对是冬季用的带羊毛内衬的款式，另一对不带羊毛内衬的是夏季使用的。制式皮护腿为应对寒冷天气起到了一定的作用，因为普通的步兵靴并不足够温暖。

▲ **德国空军飞行和地面人员工作服**

从左至右依次为飞行员、战斗机中队上尉、地面人员

奥匈帝国陆军军服

▲ **奥匈帝国陆军步兵军服**

从左至右依次为下士、上士、中士、鼓手

▲ **奥匈帝国陆军炮兵军服**

从左至右依次为中士、少校、列兵、下士

1908年，奥匈帝国陆军开始采用蓝灰色系列（1915年时则是绿灰色系列）的野战服和常服，并搭配以带匈牙利式绳结的义务兵用细腿裤子，以及军官用圆筒平顶军帽、野战用大盖帽和德国的M1917式钢盔。

在奥匈帝国的炮兵分队离开土耳其之前，他们穿着时髦的野地灰色制服，这些服装采用当地可以找到的最好材料制作，而这是应对加里波利半岛上冬季气候所必需的。最好的土黄色热带制服只配备给了在君士坦丁堡的部队，它们由太阳帽和土黄色外衣组成，剪裁和野地灰色的制服类似。同样的，他们的装备也是标准版本。

奥斯曼帝国陆军军服

一战时期，奥斯曼帝国陆军制服最具特色的元素就是“卡巴拉”（kabalak）式帽子。这是一种在硬帽壳上缠绕布带的帽子，布带的缠绕方式有很多种。

1914年时，普通的奥斯曼帝国陆军步兵拥有良好的服装和装备，只是随着大量预备役的征召才使得制服的标准逐步下降。战争爆发之初，步兵拥有全套行军装备，简单而实用的制服是纯土耳其式的，而剩下的装备则是德国式的。随着战争进程的推进，一些步兵几乎完全被奥匈帝国或德国的装备重新武装。老式的软顶土耳其红毡帽在大战开始后被逐渐淘汰，但有时士兵在不执行任务时仍然戴着它。

一战爆发之后，在叙利亚和伊拉克的奥斯曼帝国军队中有很大比例的新兵补充自当地的阿拉伯人。阿拉伯士兵中的大多数制服和装备都与土耳其籍步兵相似，只是用阿拉伯式头巾和骆驼毛头箍代替了土耳其人的“卡巴拉”式帽子。当然，也有些人身穿白色的制服。

▲ **奥斯曼帝国高级军官和阅兵服装**

从左至右依次为总参谋部常服、将军礼服、团旗旗手

▲ **奥斯曼帝国陆军步兵军服**

从左至右依次为阿拉伯自行车步兵、步兵(非执勤)、战列步兵

随着战争临近尾声，一些奥斯曼帝国陆军步兵开始装备在细部上与德国式头盔略有不同的钢盔。最早装备的部队之一是所谓的“突击部队”，他们看上去与欧洲战场上的同类部队类似，但实际上他们是在巴勒斯坦和泛高加索地区作战的。

▲ **奥斯曼帝国陆军骑兵军服**

从左至右依次为骑兵军官、骑兵团士官、库尔德正规军军官

▲ **奥斯曼帝国陆军特种部队军服**

从左至右依次为机枪分队军官、突击部队、滑雪部队士官

奥斯曼帝国海军军服

(a) (b) (c)

▲ **奥斯曼帝国海军军服**

(a) 海军地面分队水手；(b) 海军指挥官(冬季制服)；(c) 海军二等兵

一战时期，英国的影响广泛而普遍地显现在现代化的奥斯曼帝国海军身上：军舰涂装的颜色与英国海军的类似。士兵和军官的制服也显现英国的影响，而军官的徽章则直接照搬自英国海军。只有水手帽的形状和设计明显是土耳其式的，这是一种无檐帽，没有任何前部凸出物的设计，以便在穆斯林们做礼拜跪地磕头时保护头部。

在炎热的夏季，奥斯曼帝国海军士兵通常身穿白色夏季制服，并佩戴独特的白色“卡巴拉”式帽子。脚上是皮制鞋底的硬帆布靴子，靴筒会用帆布护腿箍住。

意大利陆军军服

▲ **意大利陆军军服**

从左至右依次为步兵一等兵、一级炮兵、突击部队志愿兵

一战初期，意大利陆军步兵通常身穿M1909式灰绿色制服，头戴M1909式软顶帽。M1909式灰绿色制服以隆起的肩部装饰和前襟加宽盖住纽扣的设计为特色。M1909式软顶帽则带有完全被染成灰绿色的皮制帽舌和脖带，帽冠上有徽章。此外，M1907式腰带装备会被涂成灰绿色，腰带上的支撑带绕到脖子后面并连接在一起。

炮兵的制服与步兵相似，但会用短袜代替绑腿。而突击部队志愿兵通常头戴用浅灰色织物覆盖的亚德里安式头盔，并在羊毛衫外面穿着带胸前口袋的轻步兵用自行车手式上衣。下身是山地部队裤子和带额外道钉的靴子，并用长袜子取代绑腿。轻型野战装备中腰带上的弹药包经常被全部或部分取消，皮制背带也会被省略。

第 5 章

二战时期的军服

二战是人类历史上规模最大的世界战争，战争范围从欧洲到亚洲，从大西洋到太平洋，先后有61个国家和地区、20亿以上的人口被卷入战争，作战区域面积达2200万平方千米。

英国陆军军服

▲ 二战英国陆军制服概览

英国拥有世界上最广阔的殖民地，因此二战中英军的军服是种类最多最为复杂的。二战爆发时，英国陆军的军服保持着一战时期军服的样式，只是在作战服上衣上进行了一些简化。陆军的野战服包括宽松上衣、宽松长裤，裤脚在脚踝处收紧，生产工艺较为简单，用料较少。军官穿着卡其布军官制服，开领上衣，衣领开口处露出衬衫和领带。骑兵穿着米色的灯芯绒马裤，配有带马刺的褐色野战皮靴。

在北非沙漠作战的英军步兵通常配有热带衬衫、常服短裤和标准长度的绑腿。由于北非沙漠比较炎热，沙漠英军的装备也尽量轻量化，包括1937型腰带、背带和弹药包。军官通常都穿着羊毛战斗服，包括衬衫式上衣和私人裁剪的军裤，外套则由羊皮制成。1939年，英军曾计划用普通的作战服取代苏格兰高地步兵团的苏格兰裙，结果导致了苏格兰人的强烈不满。很多苏格兰军官宁可自费购买苏格兰裙穿到战场上去。无可奈何的英国陆军部只好容许苏格兰步兵继续穿苏格兰裙进行战斗。

二战时期，英军迷彩作战服的普及率并不高，仅为伞兵部队批量配发了丹尼森（Denison）迷彩服。这种迷彩服于1941年研发成功，其看似“笔刷痕迹”的迷彩图案，有助于在着陆后能迅速隐蔽。

与德军装甲兵一样，英军装甲兵也遭遇了原有服装不适用于装甲战斗车辆内部工作环境的问题。1942年，英军设计了新型的装甲兵制服。整个作战服由厚重的防水帆布制成，小腿和大腿上各有一个口袋，腰部有两个口袋。此外，还有一个放手枪的口袋和一个放医疗用品的内兜。这种作战服还没来得及配发部队，就被1943型装甲兵作战服取代了。新型作战服为套头式制服，由厚棉帆布制成，有绒面内衬以及9个可以用拉链开合的口袋。有的1943型装甲兵作战服采用的是夏季绿色粗斜纹棉布作为原料。

▲ 英国陆军上将常服

▲ 英国陆军上校常服

▲ 英国陆军中校常服

▲ 英国陆军少校常服

▲ 英国陆军上尉常服

▲ 英国陆军中士夹克作战服

▲ 英国陆军上等兵常服

▲ 英国陆军护理部队护士常服

▲ 身穿丹尼森迷彩服的蒙哥马利陆军元帅

英国海军军服

▲ 二战英国海军制服概览

二战时期，英国海军的制服沿用了19世纪以来的样式，包括双排扣式的厚呢紧身短夹克，夹克里配白衬衫和黑领带，下配长裤，外穿双排扣式军用厚大衣。海军下士和普通水兵穿着横帆式海军服。

▲ 英国海军少将常服

▲ 英国海军上校常服

▲ 英国海军中校常服

▲ 英国海军上尉常服

英国空军军服

▲ **二战英国空军制服概览**

二战之前，英国空军的蓝灰色制服在样式上基本与英国陆军一致。只是紧身上衣为开领式，内穿衬衫系领带。1940年，英国空军开始配发棕色的作战服，军官配发双排扣式军用厚大衣。飞行员穿着较为保暖的飞行夹克，飞行皮裤上带有可以装地图等工具的大型口袋。

▲ 英国空军上将常服

▲ 英国空军上校夹克作战服

▲ 英国空军中校常服

▲ 英国空军少校常服

▲ 英国空军上尉常服

▲ 英国空军妇女辅助队常服

英国海军陆战队军服

▲ 二战英国海军陆战队制服概览

作为现代卡其色军服的发明者，英国与苏联一样走的是实用主义路线。二战期间，英国海军陆战队作战服的主色调是与英国陆军相同的深卡其色，它使得海军陆战队士兵能在野战条件下很好地与周围环境融为一体，且生产成本较低。此外，英国也为沙漠作战准备了更适合沙地隐蔽的沙色军服，且比德国的深卡其色隐蔽效果更佳。不过，英国海军陆战队仍旧保留了色彩鲜艳的礼服。

▲ 1923~1946年英国海军陆战队军服

美国陆军军服

▲ 二战美国陆军步兵作战服概览

二战期间，美国陆军始终奉行“实用至上”主义，美国陆军在西线战场上使用的军服面料多以棉布和帆布为主，并将卡其色与橄榄绿色作为主要色调，兼具实用性和耐用性。

1941年，美国陆军开始大规模配发M1941型野战夹克，并一直使用到二战结束。这款军服由大名鼎鼎的乔治·巴顿将军亲自参加研发设计，其款式精悍、干练，面料采用卡其色细帆布，在严酷的战场环境下，具有很强的耐用性。M1941型野战夹克的出现，标志着美军开始在战场上使用帆布类野战夹克取代毛呢制服类军服。

在炎热环境下，美国陆军还会使用另外一种军服，也就是HBT军服。这种军服最早在1941年配发军队，由橄榄绿色人字纹面料制成。这种面料的质地较薄，但并不缺乏耐磨性，很适合在炎热环境下穿着。值得一提的是，HBT军服还有双面迷彩版本。由于美军士兵身穿这种迷彩服容易与敌人混淆，出现过被其他盟军误认为是德军的误伤事件，所以双面迷彩版HBT军服在西线战场被禁止使用。相比而言，这种迷彩军服更适合在太平洋战场的丛林中使用，这样其伪装效果更佳。

▲ **乔治·巴顿陆军中将夹克常服及钢盔（1943年）**

▲ 美国陆军骑兵军官常服

▲ 美国陆军中尉绿色常服（大檐帽）

▲ 美国陆军中尉绿色常服（船形帽）

▲ 美国陆军中尉卡其色常服

▲ 美国陆军下士冬季常服

▲ 美国陆军士兵绿色常服

▲ 美国陆军军官白色晚礼服

▲ 美国陆军军官白色夹克晚礼服

▲ 美国陆军军官绿色夹克晚礼服

美国陆军航空队军服

▲ **二战美国陆军航空队作战服**

从左至右依次为战斗机飞行员、轰炸机飞行员、侦察机飞行员、运输机飞行员、空运飞行员

美国陆军航空队是1941年由美国陆军航空兵团改组而成的。二战期间，美国陆军航空队是世界上规模最庞大的空中武装力量，在1944年的全盛时期，拥有编制240万人、近8万架飞机及783个永久基地。由于尚未独立成军，陆军航空队的常服与陆军其他兵种并没有太大的差别，但由于作战环境的不同，陆军航空队的作战服也独具特色。

20世纪30年代，美国陆军开始列装A2夹克，深受美军各兵种喜爱。但是由于皮革在战争中属于战略物资，尤其随着战争不断地深入，皮革的消耗量巨大，导致皮质飞行服供不应求，所以美国军方于1943年决定替换它，取而代之的是造价低廉、便于大规模生产并且材料周期短的布面夹克。而为了保证夹克自身的保暖性，内里为种植毛胆。最早配发的是B10夹克，其造型与美国海军的M442A皮夹克极为接近，夹克两侧采用的是直上直下带有扣子的夹克兜。

▲ 美国陆军航空队飞行员夏季卡其色常服

▲ 美国陆军航空队飞行员绿色常服

B10夹克使用时间非常短，可以认为是布面夹克与皮夹克之间的过渡型。B15夹克随后被推出来了，它的设计与B10夹克有一定的关联，但兜型上采取了与坦克夹克一样的斜兜设计。为了不使兜里的东西坠落，在兜的外面安装有一枚摁扣。B15夹克与B10一样采用真毛植入内衬，外面为高织纱的丝光咔叽布，织物松紧下摆与袖口。领子有两种材质，一种为黄色真皮毛，另一种为棕黑色人造毛。后来，美军又推出了改良的B15A夹克。与B15夹克相比，B15A夹克增加了可以夹住飞行耳机与麦克的倒三角形皮袢。由于其在战场上的表现并不弱于皮质飞行服，而且在保暖功能上好于A2夹克而逐渐被美军飞行员所接受。

▲ 美国陆军航空队首任司令、五星上将亨利·哈里·阿诺德

美国海军军服

▲ **二战美国海军军服**

（a）女子授权紧急服务队中尉；（b）海军少尉；（c）二级海军文书；（d）海军上尉飞行员；（e）美国海岸警卫队艇长；（f）两栖部队士官；（g）海军军士长

二战时期，美国海军军官的标准制服是蓝色双排扣上衣和裤子。海军士兵的标准工作制服由不带白色装饰物的全蓝色海员工作便服和喇叭裤口的行军裤组成。在炎热的夏季，美国海军还大面积采用卡其色军服。

值得一提的是，二战期间美国海军还采用了牛仔面料的军服。事实上，由于牛仔面料造价低廉、结实耐用，美国几大军种都配发过牛仔面料的军服，但因为牛仔面料多为蓝色，这与当时美国海军采用蓝色的制服色调基本相同，因此海军使用牛仔面料的军服要更多一些。不过，这一面料制作的军服并不算真正意义上的作战服/常服。准确地说，这一系类军服只能算是工装。这种工装的牛仔面料不仅耐用，而且质地较薄，因此在大多数情况下，海军官兵会穿着这种工装从事一些较脏、较累的体力活。

多数情况下，美国海军配发的牛仔面料上衣大致包括短袖/长袖衬衣、长袖工装上衣（有风帽版本及无风帽版本）、海军舰板夹克等。这些上衣虽然全部采用牛仔面料制作，但由于生产批次及生产厂商都不同，因此在款式与颜色方面都会产生一定的差异。牛仔裤的款式主要分为海军经典喇叭裤腿的牛仔裤与直筒牛仔裤这两个版本。喇叭裤腿牛仔裤其实就是沿袭了海军水手服里面的裤型，而直筒牛仔裤则多被海军航空兵们使用。

▲ 美国海军士兵白色常服

▲ 美国海军士兵蓝色常服

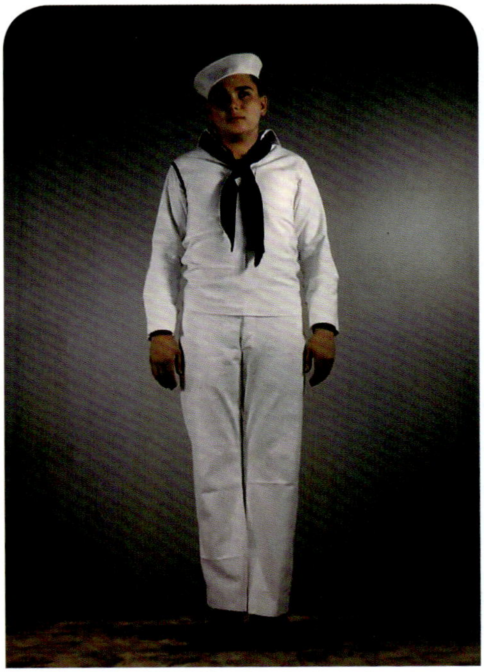

▲ 美国海军士兵水手常服

▲ 切斯特·尼米兹海军上将常服

▲ 美国海军军官蓝色礼服

▲ 美国海军军官蓝色夹克礼服

▲ 美国海军士兵白色夹克礼服

美国海军陆战队军服

▲ 二战美国海军陆战队制服概览

二战前期，美国海军陆战队采用的标准作战服是P41作战服，这也是二战时期美国海军陆战队最具代表性的军服。这种灰绿色军服的造型十分经典，前襟采用四颗钉扣，胸前有一个口袋，两侧还有两个口袋。但是这款衣服有很多弊端，在随后的战斗中也逐渐地体现了出来。与其说它是战斗服，不如说它更像体训服。首先，它的口袋没有兜盖，作战时物品容易掉出来。其次，口袋的容量太小，无法携带足够的物资。最后，胸前的扣子太少，虽然便于穿脱，但是在热带雨林里容易遭到毒蛇和蚊虫的侵袭。

为了解决P41作战服的弊端，美国海军陆战队后来又装备了P44作战服。新型作战服去掉了P41下部的两个口袋，在左右胸前加了一层人字布，并将开口换为侧面开口。整件衣服的携行量有着明显的上升。胸前的口袋设置了兜盖，胸前的扣子数量变为6颗，增加了密度。两者虽然都用的是人字布面料，但颜色有一定差距，P41作战服偏灰绿，P44作战服偏向陆军人字布的绿。

值得一提的是，美军在二战期间研制了多种迷彩服，其中海军陆战队装备的“小裂片”迷彩服是二战期间隐蔽性能较好的迷彩服之一。

▲ 美国海军陆战队P41作战服（M1钢盔）

▲ 美国海军陆战队P44作战服

▲ 美国海军陆战队军官晚礼服

▲ 美国海军陆战队士兵蓝色礼服

▲ 美国海军陆战队“小裂片”迷彩服

苏联陆军军服

▲ **二战苏联陆军作战服**

从左至右依次为步兵中尉（1943年版野战服）、狙击手（迷彩外衣）、步兵军士长（冬季野战大衣）、步兵（1941年新版冬季军服）、坦克手

苏德战争爆发后，苏联红军的人数急剧增加。为了缓解后勤压力，苏联红军对军服进行了大幅调整，使其变得更加实用。当然，也存在着不足之处，如苏联指挥员佩戴的标识，色调较为明亮，这对于德国优秀射手来说，更有利于他们对有价值目标进行识别、判断和瞄准。所以在战争爆发后不久，这些配件就消失了。

战争初期，苏联红军步兵主要装备1935型军服。士官、士兵的夏装上衣为小翻领、束袖、套头式短军便服，颜色为棕绿色，有两个胸袋，下摆无口袋；下身着马裤，材质都是卡其布，颜色从黄棕色到深棕褐色，这些成为二战中苏联军装的主色调。

从1939年开始，除了软质大檐帽外，苏军还以卡其布或呢制的船形帽作为

▲ 苏联陆军元帅夏季常服（1935年）

▲ 苏联陆军元帅灰色常服（1943年）

▲ 苏联陆军元帅白色常服（1943年）

▲ 苏联民兵指挥官白色常服（1943年）

军便帽，士兵的船形帽为卡其色。直到1942年夏天，船形帽才基本上取代了大檐帽的地位。二战初期苏军的钢盔是1936式，同时还进口过一些法式阿德里安钢盔装备部队。到1940年后，陆续装备1940式钢盔。这种带有略向耳部下垂的钢盔也成为苏军的经典形象之一。

为加强行军的良好移动性，同时兼顾保暖需求，1941年8月，根据命令，每名苏军官兵得到了一件全新的棉衣，它可以穿在大衣下面，能很好地抵御严寒。这件棉衣还可作为单独的军服穿在外面。在冬季严寒地区，大衣被半长皮衣取代。极端天气中，传统的靴子取代了鞋子和军靴，这种靴子用厚厚的羊毛织成，耐磨损程度高，是几百年来俄罗斯民族传统冬季靴子。

二战中，根据苏联全面动员法令，许多女性也被动员参军，分配到前线，甚至包括战斗单位。这在俄罗斯帝国军队中，几乎是闻所未闻的。所以针对这些前线女军人，还没有特别的军服，苏联军需官得尽快想出解决办法。1941年8月，一件女式军服的原型被设计制造出来，采用了棉质面料，配上贝雷帽。

1941年8月，苏联红军指挥部下达命令，取消军事指挥员军服手臂部位的折状标识，还有军裤上的鲜艳条纹。军服上的领章，统一采用全新暗色调的卡其色，代替了以往红色、

▲ **苏联陆军元帅礼服（1940年）**

▲ 苏联陆军元帅礼服（1943年）

▲ 苏联陆军元帅礼服（1945年）

蓝色、绿色等较为明亮耀眼的颜色。在战争初期，苏联军服由各工厂用非标准化设施大量生产，导致外观、色调发生变化，后期也得到了改善。

1943年，苏联军事服装经历了一次重大改革。其主要创新是，重新引进俄罗斯帝国的肩章。自1917年以来，苏联红军就没有使用过肩章。军官的新肩章分为两种款型：前线的野战肩章，为卡其色；后方的常服肩章，为金色。而士兵新肩章，统一为卡其色。

此外，苏联还向军队分发了新的衬衫和靴子。新衬衫有着坚硬的垂直衣领，而不是以往的翻领。新靴子由层状防水帆布制成，代替了皮革，并进行防水处理。

二战后期苏联红军的军服分为野战、阅兵、日常三种不同的款式。野战军服使用于前线作战；日常军服使用于后方的训练和演习；阅兵军服只是在礼仪式场合穿着。军事指挥员的阅兵军服的袖口部分有金银刺绣。士兵的阅兵军服，在衣领、袖口和口袋上有红色的条纹。

▲ 苏联陆军装甲兵元帅礼服（1943年）

▲ 苏联陆军装甲兵元帅礼服（1945年）

▲ 苏联陆军上将礼服（1943年）

▲ 苏联陆军边防部队少将礼服（1943年）

▲ 苏联陆军炮兵少将礼服（1945年）

苏联海军军服

二战苏联海军制服概览

二战期间，由于苏联海军主要在内水活动，其主要对手德国海军的水面部队也并不强大，所以苏联海军在战争中的水面作战并不多。不过，大量苏联水兵组成陆战部队，参与了从黑海到波罗的海的众多地面战斗。苏联海军的岸上服装一般包括标准黑色双牌扣粗呢毛料夹克、传统的蓝白条棉衬衫、黑色喇叭裤、陆军皮靴以及写着舰队名字的海员帽。军衔袖章从1941年开始使用，1943年之后改为像陆军一样的肩章，而臂章则代表其所在舰队或海军的分兵种。使用布编的子弹链是海军步兵的传统，因为它兼具装饰效果。

▲ 苏联海军上将蓝色常服

▲ 苏联海军中将白色常服

▲ 苏联海军步兵常服

▲ 苏联海军舰队司令礼服（1940年）

▲ 苏联海军上将礼服（1943年）

▲ 苏联海军上将礼服（1945年）

▲ 苏联海军中将礼服（1943年）

▲ 苏联海军情报局中将礼服（1943年）

▲ 苏联海军边防部队中将礼服（1943年）

▲ 苏联海军少将礼服（1943年）

▲ 苏联海军上校礼服（1943年）

▲ 苏联海军中尉礼服（1943年）

▲ 苏联海军航空兵少将礼服（1943年）

▲ 苏联海军步兵少将礼服（1943年）

苏联空军军服

(a) (b) (c)

▲ 苏联空军军服

(a) 政治代表；(b) 飞行员；(c) 将军

苏德战争爆发前，苏联空军的标准制服是绿色上衣和蓝色裤子。战争爆发后，德军飞行员往往追着扫射这些显眼的目标，于是苏联空军于1943年取消了蓝色裤子，着装颜色与苏联陆军统一。

苏联飞行员通常穿着寒冷地区的飞行服，这种飞行服早在苏芬战争中就投入了使用，并一直使用到苏德战争开始的第一年。帆布制作的飞行服和皮制的飞行头盔内部有羊毛内衬，手套和长靴内也衬有不同种类的软毛。这种飞行服对那些驾驶敞篷座舱的老式飞机的飞行员来说十分重要，因为这样的设计可以有效抵御高空的寒冷，直到后来带有封闭座舱的飞机问世以后，它们才逐步退出了现役。飞行员的手枪通常挂在皮带上，也有的放在飞行服里面一个特制的口袋中。

20世纪30年代前期，苏联空军人员主要佩戴船形帽，这种帽子可以上溯到俄罗斯帝国时期的航空部队。1935年，船形帽被设定为唯一的一种帽具。不过，苏联空军军官们不断游说上级，希望使用大檐帽，这使得大檐帽在1936年得到正式采用。

▲ 苏联空军军官常服

▲ 苏联空军元帅礼服（1943年）

▲ 苏联空军元帅礼服（1945年）

法国陆军军服

▲ **二战法国陆军步兵野战服**

从左至右依次为步兵团营长、轻装野战部队巡逻队员、野战轻步兵营一等兵

法国军队在二战中的作为，可谓是乏善可陈。法军的军服、军衔标志样式也显陈旧，颇具一战遗风。1933年1月，法国陆军的军官制服被简化为三种对应不同功能的棕色制服：常服（3号服装），训练服（4号服装）以及作战服（5号服装）。按照命令，军官手下的士兵穿什么功能的服装，他也要穿对应的制服。

二战爆发之初，驻守马其诺防线的法国陆军部队所穿制服有三大特点：暗棕色小贝雷帽，帽徽上有“on ne passe pas”（谁也别想通过之意，源自1916年著名的凡尔登战役）字样；暗棕色毛料绶带；写有防区名称的左臂臂章。

二战后期，军服样式五花八门的法国各个派系军队几乎全部换上了美式军服。

(a)　(b)　(c)

▲ **二战法国陆军骑兵军服**

（a）第6龙骑兵团骑兵；（b）机械化炮兵；（c）第4摩洛哥骑兵旅准将

(a)　(b)　(c)

▲ **二战法国殖民地部队军服**

（a）阿尔及利亚士兵；（b）摩洛哥籍法国军团士兵；（c）塞内加尔士兵

▲ **二战法国陆军机械化部队军服**

从左至右依次为骑兵装甲车部队乘员、坦克部队上尉、摩托化骑兵

法国海军军服

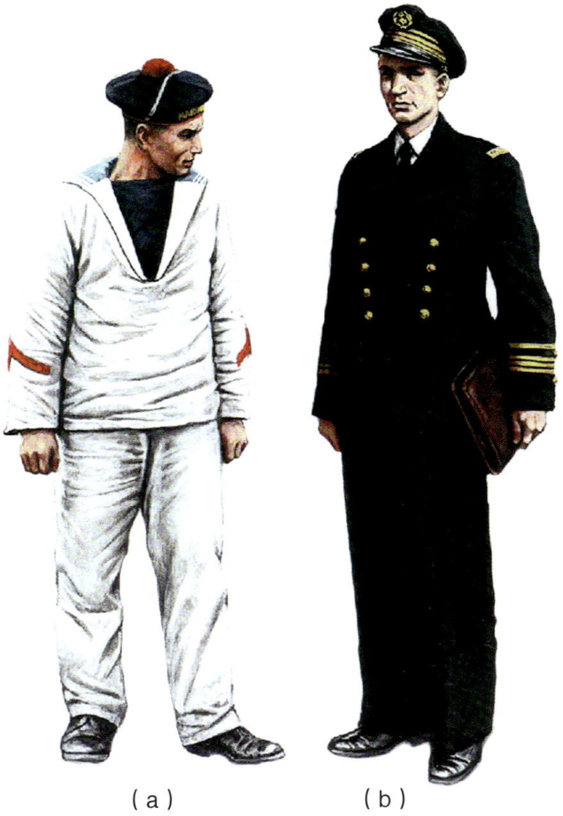

▲ **法国海军军服**

（a）水手；（b）军官

▲ **法国海军水手帽**

二战时期，法国海军的制服以蓝白两色为主，与英美等国相似。不过，法国海军的水手服，尤其是水手帽的样式，与其他国家海军有较大区别。这种1848年开始使用的水手帽可谓是法国海军独特的象征，而关于这个象征，坊间也流传着不少说法：有人认为是1804年法军改革后，拉图什将军为了区分手下的水手，让他们在头顶缝上的红色绒球；也有人讲述了欧仁妮皇后（法兰西第二帝国皇帝拿破仑三世的妻子）在参观一艘船时不小心被船舱门顶部撞破了头，海员们送上白手帕的浪漫故事。

事实上，这种绒球只是为了减少水手帽的制作工序。因为这种用羊毛编织的帽子通常在封顶的时候会留下一团剩余的线头，而这个线头处理不好很可能让帽子坏掉。于是水手们便把线头结在一起结成团。这便是法国海军水兵帽上红色绒球的雏形。而在20世纪，这顶水兵帽也在不断变化。

德国陆军军服

▲ 二战德国陆军步兵作战服概览

二战德国军服体系继承自一战德国，并经过长期发展而形成。一战德国战败后，国防军人数被限制在了10万以内，战后德军急需配发一种有别于帝国时期的新式军服。1919年5月，陆军开始装备一款拥有4口袋设计、前襟8颗纽扣的羊毛料原野灰色制服。因它在1919年被投入使用，所以一般称其为M19型制服。这种制服最大的特色是使用了一种下至基层士兵上至将军都样式一致、仅有颜色区别的绳式肩章。军衔区别用袖章体现。此外，军服上臂还有一个椭圆形兵种与部队识别臂章，臂章边缘用一圈或两圈不同颜色滚边表示兵种，中央用阿拉伯或罗马数字表示部队番号。

1920年12月，德国将M19型制服袖口翻边修改为无装饰纽扣的法式袖口，并取消军衔袖章，恢复使用军衔肩章，并在肩章和领章上使用不同兵种色加以区别，而兵种与部队识别臂章被取消。这种新式制服被称为M20型。

▲ **德国M1935式钢盔**

1927年7月，魏玛国防军开始允许官兵私人定制一款出行服，这种制服样式与普通军服基本相同，只是在开襟边缘增加了兵种色滚边，并配用颜色更加艳丽但不适用于战场环境的徽标，从而衍生出M20出行服与M28出行服。1928年10月，魏玛国防军还起用了一款供士兵与军官夏季勤务与训练的斜纹棉布服。此外，军官可以穿着一种与常服相同剪裁工艺但翻领改为小立领的白色棉质夏常服。

1928年，德国陆军将M20制服前襟的8颗纽扣缩减为6颗，以让军人显得更加挺拔威武。新式军服被称为M28型制服，此外与老款制服没有任何区别。

1933年，德国开始使用一种新式野战服，绝大多数魏玛老式制服被替换给了卫戍部队与新兵，但仍有一些在二战爆发后还继续使用。

二战前夕，德国军服在一战的基础上做了少许改动。首先是徽章符号的增加，鹰徽的设计和使用达到了经典的高度。1935年，德军定型极为经典的M1935式钢盔。这种钢盔的唯一变种是在空军伞降机降部队里配发的伞兵盔，为了防止挂钩而将后脑的铲形凸起改为更平滑。这款钢盔的产量不大，但是知名度不低。到了战争后期因为原材料和工厂生产力的紧张，德军改为生产简化版的M1942型钢盔，工艺节省，做工粗糙，也成为德式钢盔的绝唱。

德国陆军便帽的设计主要有两款风格，分别是有帽檐的野战帽和无帽檐的船形帽。

意大利陆军军服

▲ **二战意大利陆军制服概览**

二战时期，意大利陆军的标准制服是M1940式制服、M1912式军靴和M1933式钢盔，其他装备包括M1939式背包、M1929式迷彩雨披、M1935式防毒面具包等。

第 6 章

冷战至今的军服

二战结束后，美国和苏联同为世界上的“超级大国”，为了争夺世界霸权，两国及其盟国展开了数十年的冷战。1991年冷战结束后，美国成为世界上唯一的超级大国，世界格局变为世界多极化进程中的“一超多强”。

美国陆军军服

◇◆常服◆◇

▲ 美国M1965野战夹克

冷战时期，美国陆军还有一种极具代表性的军服，那就是M1965野战夹克。这种军服的起源可以追溯到二战时期，自诺曼底登陆以后，盟军开始对德军发起反攻，美军装备了一种野战大衣——M1941野战夹克。当时英军和德军等大多数军队的野战大衣和勤务制服是一样的，只有美军早一步将这两种制服分开，依各自职务的需要而建立各自的制服体系，将穿着时的不便减到最低。后因为部队军官反映棉、毛混纺的M1941夹克的质地太脆弱、容易磨损，于是逐步改良开发出新一代的野战夹克。战争后期制作的M1943夹克采用棉质，质地比M1941夹克更加先进结实，并且多了风雨帽的设计，外观上已经相当接近后来的M1965野战夹克。20世纪50年代，美军为M1943夹克加上内衬设计，提高了御寒性，成为后来的M1951野战夹克的雏形。M1951夹克的风格基本上延续了M1943夹克的设计，但夹克的正面已经改为拉链式开合，具有优良的防风性能。随后，美军推出更为时尚的M1965夹克，没有烦琐的装饰，使用上非常方便且结实耐用，袖口改为以魔术贴粘合、衣领里藏有兜帽。M1965野战夹克从此就成为美国各地驻军的标准配备，一直持续了40年。

▲ 美国陆军常服A类

▲ 美国陆军常服B类

美国陆军将常服分为A类与B类两种穿着方式。男军官的A类常服包括：陆军绿色上装和长裤，一件长袖或短袖陆军绿色衬衫，一条黑色活结领带，以及规定的配用品。男军官的B类常服与A类基本相同，只是不着绿色上装，且在穿短袖衬衫时可以不系领带。女军官A类常服包括：陆军绿色的传统式上装和裙子或长裤，一件长袖或短袖陆军绿色衬衫，黑色领结，以及规定的配用品。其B类常服除不含绿色上装外，与A类相同。A类陆军绿色孕妇服由带束腰的罩衣和长裤或裙子组成，不带束腰的罩衣为B类孕妇服。女军官在穿短袖衫时，可以不打领结。穿长袖衫时，男军官必须打领带，女军官必须戴领结。

A类常服可在军营内值勤时穿着，也可在下班后外出时穿着，还可用于下班后的非正式社交活动。穿着A类常服时应戴绿色大檐帽，在旅行时或在空中突击部队时也可戴船形帽。贝雷帽只适用于空中突击部队（栗色）、特别行动队（黑色）和特种部队（绿色）的人员，其他部队不能佩戴。

2015年10月，美国陆军放弃已经穿了数十年的绿色常服，正式采用深蓝色常服。在这套深蓝色常服之前，从1954~2015年长达61年的时间里，美国陆军都是采用绿色常服。深蓝色常服主要由上衣、低腰裤、衬衣组成。外套采用质地更重且抗皱面料，由55%羊毛和45%聚酯纤维制成。军官和下士以上士官长裤两侧有金色裤边。深蓝色常服也有两种主要穿着方式：A类和B类。A类主要穿着陆军蓝色上衣和长裤/裙子/便裤、短袖或长袖衬衣、领带（男）/蝴蝶结（女）。B类主要穿着陆军蓝色长裤/裙子/便裤、短袖或长袖衬衣，在着长袖衬衣时要配领带。

▲ 美国陆军上将深蓝色常服A类

穿着深蓝色常服时，可佩戴贝雷帽（黑色、栗色、绿色和褐色）、常服帽（男女下士以上军人）或船形帽（后备军官训练队学员）；可穿着黑色牛津鞋、黑色无带浅口鞋和黑色作战靴。

此外，深蓝色常服还可用作礼服，其礼服的穿着方式为：男军人着蓝色外套和长裤、长袖白衬衣和黑色领结，女军人着蓝色外套、裙子、长袖白衬衣和黑色蝴蝶结。在晚间社会活动场合穿着时，可不佩戴帽子。穿着礼服时，禁止搭配作战靴和机构标示，如臂章、宪兵配饰和各部队特有的徽章等。其他服饰与A类穿着方式相同。

2018年11月，美国陆军宣布将采用二战时期的“粉绿军服”作为新一代的陆军常服。新一代常服的上装为深橄榄绿色，下装为粉棕色，这种上装颜色深下装颜色浅的搭配，看起来非常协调。根据美国陆军的计划，新军服将在2020年夏初开始配发给入伍新兵。在之后的8年内，所有的陆军官兵都会以这款粉绿军服作为常服，也就是日常穿着的制服。而深蓝色军服也不是就此完全退出，而是还将作为礼服，在一些特定的场合穿着。

▲ **2020年美军计划启用的“粉绿军服”**

◇◆礼服◆◇

▲ 美国陆军晚礼服

美国陆军晚礼服的主要元素包括镶缎的无尾礼服、腰封、礼服衬衣（法式翼领衫）和黑色领结，搭配镶缎长裤和漆皮牛津鞋。女军人穿着长裙并着高跟鞋。军官晚礼服有显眼的金色盘花肩章，上臂或袖口标注军衔，并佩戴制式小勋章，其他的徽章也一样使用小尺寸型。

▲ 美国陆军四星上将晚礼服

▲ 美国陆军上校晚礼服（军乐队指挥）

美国陆军中士晚礼服

◇◆作训服◆◇

▲ 美国陆军作训服

美国陆军目前装备的作训服是陆军作训服（Army Combat Uniform，ACU），替代了原来的作训服（Battle Dress Uniform，BDU）和沙漠迷彩服（Desert Camouflage Uniform，DCU）。在设计上它有了较大的改变，迷彩图案也与从前的不同。ACU使用的新型军用迷彩图案被称为通用迷彩图案（UCP），混有绿色、棕褐色和灰色，能有效地在沙漠和城市环境下发挥作用。ACU的面料能将红外线下的可视性减到最小。

ACU的夹克上衣使用了魔术贴搭扣来固定姓名牌、职级标志，以及识别标志，如国旗和红外线标志。近红外线信号管理技术被应用在ACU上，以使穿着者的红外线轮廓最小化。永久的红外线敌我识别标志被缝制在两侧肩部，帮助夜间友军在夜视仪下识别。在识别标志不使用时，可用魔术贴搭扣将其保护起来。

三种美国国旗标志被准许用于ACU：全色国旗标志（与美国国旗颜色相同）、全色红外国旗标志（全色国旗标志加入红外反光功能）和暗色红外国旗标志（便于隐藏的黑白色国旗标志，带有红外反光功能）。美国国旗标志（全色或反色）被佩戴在右臂的口袋盖上。反色国旗标志仅在战术或战场条件下使用。美国国旗上的星在图案的右侧，而不是传统上的左侧，目的是表示国旗随着穿戴者前进。而反色的袖章始终要求佩戴。

上衣的领子在作战时可以立起，便于穿着防弹服。衣服使用拉链系扣，并用魔术贴加强。其胸部口袋、袖口和肘部衬垫袋也都采用了魔术贴。在上衣的左臂上有一个三槽的笔袋，其宽松的笔槽增加了灵活性。

ACU的裤子使用一条2英寸（50.8毫米）宽尼龙网状腰带，在膝盖部有使用魔术贴的衬垫袋。大腿两侧各有一个前倾式储物袋，在移动中使用弹性绳和魔术贴系扣。小腿两侧也各有一个储物袋，使用魔术贴系扣。穿着时，裤腿可以垂在外面，但不能超过靴子的第三个鞋带眼。与ACU相配的是棕色作战靴。商用靴子被准许使用，但是靴筒必须高于20厘米，不允许穿着非靴形鞋。

美国海军军服

◇ ◆ 常服 ◆ ◇

美国海军官兵的日常制服有多种款式，一般在办公环境、对外交流等情况下穿着。它包括卡其色常服、冬季蓝色常服和夏季白色常服。此外，还有新的常服正在更换中。

卡其色常服仅允许海军军官和军士长穿着。它是短袖衬衣和长裤的组合，有两种不同的面料：一种是聚酯/羊毛混纺（75%/25%），另一种是海军认证斜纹面料（100%聚酯，由于耐火性差，不允许在船上穿着）。穿着时，衬衣左侧口袋配有勋带，勋带上方为作战徽章。右侧口袋上方为姓名牌，军衔标志佩戴在衣领上。有三种帽子可以配合卡其色常服佩戴，较常用的是卡其船形帽或者司令部棒球帽，而卡其大檐帽较为正式。黑色或棕色牛津鞋被允许穿着，但是只有海军航空兵穿棕色鞋。黑鞋配黑袜，棕鞋配卡其袜。衬衣穿着时必须束腰。穿着卡其色制服时，外面可穿着黑色V领毛线套衫。在五角大楼工作的海军军官和军士长必须始终穿着卡其色制服。

▲ 美国海军军官卡其色常服（男）

▲ 美国海军军官卡其色常服（女）

▲ 美国海军军士长卡其色常服（女）

冬季蓝色常服允许所有级别的海军军人穿着。它由长袖黑色衬衣和黑色腰带，以及长裤（女军人可穿裙子）组成。帽子为大檐帽、白帽或者黑色船形帽。穿着时需要系领带（女军人打蝴蝶结），一级军士及以下配银色领带夹，其他配金色领带夹。衣服可配勋带和徽章，军官和军士长佩戴金属领花，士兵只在左臂佩戴级别章。士兵右肩佩戴适当的部队识别牌。此外，全气候外套、蓝色风衣或者厚呢短大衣也可配合它穿着。

▲ 美国海军军官冬季蓝色常服（男）

▲ 美国海军军官冬季蓝色常服（配外套）

▲ 美国海军军士长冬季蓝色常服（男）

▲ 美国海军军官冬季蓝色常服（女，配外套）

▲ 美国海军军士长冬季蓝色常服（女）

▲ 美国海军士兵冬季蓝色常服（男）

夏季白色常服由白色短袖开领衬衣、白色长裤和腰带以及礼服皮鞋（军官为白色，军士及以下为黑色）组成。军官和军士长戴大檐帽，士官及以下戴白帽（女军人戴大檐帽）。军官制服佩戴肩章，军士长佩戴金属徽章，其他佩戴等级章。与卡其色常服相同，夏季白色常服也有两种面料（聚酯/棉混纺和海军认证斜纹面料）。夏季白色常服也可与全气候外套、蓝色夹克或厚呢短大衣配合穿着。热带白色常服与夏季白色常服类似，但是下身穿着白色短裤和膝袜。

▲ 美国海军军官夏季白色常服（男）

▲ 美国海军军官夏季白色常服（男，配外套）

▲ 美国海军军官热带白色常服（男）

▲ 美国海军军官夏季白色常服（女）

▲ 美国海军军官夏季白色常服（女，配外套）

▲ 美国海军军士长夏季白色常服（男）

▲ 美国海军军士长夏季白色常服（女，配外套）

▲ 美国海军军士长热带白色常服（男）

▲ 美国海军军士长夏季白色常服（女）

▲ 美国海军士兵夏季白色常服（男）

▲ 美国海军士兵夏季白色常服（女）

▲ **美国海军士兵热带白色常服（男）**

2004年，美国海军开始研制新式常服，研制的目的是使用一种全年可穿的制服来代替不同季节的服装。2009年夏季，新式常服开始供应部队。军士长以下人员，即E1～E6人员穿着这种常服。新的常服将取代冬季蓝色常服和夏季白色常服。新常服由短袖卡其衬衣和/或紧身上衣、黑色长裤和/或裙子组成。与此前军衔标志在袖子上不同，水手将在衬衣或上衣领口佩戴镀银金属军衔标志。士官可以穿着一件带编织立领和肩章的黑色艾森豪威尔式夹克，夹克上佩戴大号电镀金属军衔标志。军衔标志固定在左侧的黑色船形帽仍将继续使用。士兵穿着夹克时仍将佩戴V形级别臂章。

◇◆礼服◆◇

▲ 美国海军蓝色晚礼服

美国海军晚礼服分为蓝白两款，样式上并无太大区别。海军晚礼服在穿着时要搭配专用的礼服衬衣，系黑色领结，裤线镶缎，穿金色腰封、黑色牛津鞋。女性军人穿长裙和高跟鞋。佩戴勋章和证章时，要佩戴专门的小尺寸章。男性军官的蓝色晚礼服用袖章，白色晚礼服用肩章，士官和女性军官则使用臂章或袖章。

▲ 美国海军军官蓝色晚礼服（男）

▲ 美国海军军官白色晚礼服（男）

▲ 美国海军军官蓝色晚礼服（女）

▲ 美国海军军官白色晚礼服（女）

▲ 美国海军军士长蓝色晚礼服（男）

▲ 美国海军军士长白色晚礼服（男）

◇◆工作服◆◇

▲ 美国海军工作服

海军工作服（NWU）是美国海军最新的工作服，用于取代原先士兵穿着的通用服和军官穿着的耐洗卡其服、冬季蓝色工作服以及其他少量使用的热带同类服装。其设计基于海军陆战队作训服（MCCUU）。NWU采用较长的厚实斜纹织物，无需熨烫。衣服和裤子带有众多口袋，上衣4个，裤子6个。其多色数码迷彩图案与其他军种的类似。

NWU有三种基本款式：大部分海员在舰上穿着蓝色为主、配以灰色的NWU，森林数码迷彩和沙漠数码迷彩给在需要这种服装的部队服役的海员穿着。其迷彩图案还具有与MCCUU相似的红外线读取图案，夜间使用红外线设备可以容易地识别海军人员。NWU的附件包括海军蓝棉T恤、八角帽、黑腰带。全气候组件还包括套领毛线衫、羊毛夹克、派克大衣等，所有这些都具有类似的迷彩图案。

全蓝色的衣领反映了海军的传统以及与海洋的联系。尽管无需特意伪装穿着者，但是NWU还是选择与美国海军舰船颜色相近的颜色图案，以免当舰船停泊在有可能被敌方渗透的港口时，在甲板工作的人员成为明显的攻击目标。而数码迷彩也可用于掩饰舰上工作不可避免的磨损和污迹。

NWU采用的面料为尼龙和棉混纺，各占50%。采用这种面料是为了使穿着NWU时较为挺括，减少在舰上的行动阻碍，避免刮破，延长使用寿命。

军衔标志佩戴在衣领和八角帽上，姓名和“U.S.NAVY”字样绣在胸口，军官为金色，士兵为银色。

与NWU配套穿着的是两种黑色靴子。在舰上要求必须穿着黑色光面金属鞋尖的靴子，而在岸上或在非舰上指挥部也可穿着黑色小山羊皮亚光靴。

美国空军军服

◇ ◆ 常服 ◆ ◇

▲ 美国空军士官和士兵蓝色常服

美国空军的制服和军衔标志等与美国陆军十分相近，以体现其产生于陆军的历史渊源。目前美国空军官兵的常服是1993年采用的，1995年定型。它包括与运动夹克类似的口袋较少的三扣上衣、长裤、大檐帽和飞行帽。颜色为空军蓝（一种深藏蓝色）。与其配套穿着的是浅蓝色衬衣和带人字形图案的领带。士兵外套和衬衣袖子上佩戴军衔标志，军官金属军衔标志钉在衣服上，或者衬衣的肩部。

美国空军在2006年提出新的常服，有两种设计方案：一种采用立领设计，类似1935年以前美国陆军空中部队军官的制服；另一种类似二战期间美国陆军空中部队的制服。美国空军倾向于后一种设计，但是改用小翻领设计。截至2019年，新式常服仍未全面配发部队。

▲ 美国空军上将蓝色常服

▲ 美国空军少将蓝色常服

▲ 美国空军上校蓝色常服

▲ 美国空军上尉蓝色常服

▲ 美国空军中尉蓝色常服（女）

▲ 美国空军总军士长蓝色常服

◇ ◆ 礼服 ◆ ◇

▲ **美国空军晚礼服**

从左至右依次为将军、军官和士官

美国空军晚礼服包括镶缎的蓝色无尾礼服、腰封、礼服衬衣和黑色领结，搭配蓝色镶缎长裤和漆皮牛津鞋。女军人穿着长裙并着高跟鞋。军官晚礼服有宽大的硬肩章，上臂或袖口标注军衔，并佩戴制式小勋章，其他的徽章也一样使用小尺寸型。

▲ **美国空军晚礼服（军乐队）**

美国空军晚礼服包括镶缎的蓝色无尾礼服、腰封、礼服衬衣和黑色领结，搭配蓝色镶缎长裤和漆皮牛津鞋。女军人穿着长裙并着高跟鞋。军官晚礼服有宽大的硬肩章，上臂或袖口标注军衔，并佩戴制式小勋章，其他的徽章也一样使用小尺寸型。

▲ 美国空军仪仗队礼服

▲ 美国空军仪仗队指挥官礼服

▲ 美国空军仪仗队士兵礼服

◇ ◆ 作训服 ◆ ◇

▲ 美国空军战斗服

空军战斗服（ABU）是美国空军最新的具有军种特色的作训服，已在2011年前全部配发完毕。ABU在颜色上与陆军的ACU近似，带有些许蓝色，但是更接近于被替换的BDU的颜色。与其相配套的靴子为免保养叶绿色山羊皮作战靴，过渡期内可以穿着黑色沙漠靴。其他附件如背包和手套也是叶绿色。ABU没有陆军ACU上诸如倾斜口袋、袖袋、魔术贴系扣等东西。但是，ABU具有基本的近红外性能。

帽子为传统样式的巡逻帽，太阳帽只能在部署地佩戴。衬衣为沙漠T恤。衣服上所有标示都采用深蓝色线绣制。上衣内侧有2个地图袋。笔袋在左前臂，可以装2支笔。衣服上不允许佩戴其他任何标示。裤腰采用松紧带，配有网纹腰带。大腿侧的储物袋内有暗袋。小腿上也有2个储物袋。

ABU采用免熨烫处理，严禁熨烫、压型或干洗。空军人员只需从干衣机内将衣服取出穿上就行。任何对衣物的过度处理都将损害衣物。

美国海军陆战队军服

◇◆常服◆◇

▲ 美国海军陆战队士兵B类常服

美国海军陆战队的常服有橄榄绿色和卡其色两种。这两种常服的组成和功能完全一样。在军事法庭、会见本国和国外政要军官、访问白宫（作为游客游览或指定着另一种服装时除外），以及上岸述职时指定穿着这种服装。该军服允许在工作实践以外穿着。

海军陆战队常服的着装方式分为三类。

A类为基础制服。它由绿色外套、绿色长裤和卡其色腰带、卡其色长袖衬衣、卡其色领带、领带夹、黑皮鞋构成。外套左胸装饰有勋带和徽章。女军人佩戴绿色蝴蝶结，穿无带浅口鞋，可选穿裙子。在室内时，可不穿外衣。

B类与A类穿着基本相同，但不穿外套，勋带可佩戴在衬衣上。

C类与B类基本相同，但改穿短袖衬衣，不系领带。

与海军陆战队常服配合使用的帽子有3种。男女军人都可戴绿色软船形帽。

▲ 美国海军陆战队上将C类常服

▲ 美国海军陆战队少将A类常服

▲ 美国海军陆战队上校A类常服

▲ 美国海军陆战队上尉A类常服（女）

▲ 美国海军陆战队总军士长A类常服

也可戴常服帽，该帽男女设计不同。军官的军衔标志佩戴在外套肩膀和衬衣的领子上，士兵军衔则绣在袖子上。

在按B类和C类着装时，还可穿着绿色水手领毛线衫。此时，军官军衔仍可钉在衣领上，同时所有人在肩膀上也佩戴军衔标志。衬衣衣领露在毛衣的外面，以便显示军官的军衔标志。毛线衫和长袖卡其衬衣配合穿着时，不需要系领带。

◇◆礼服◆◇

▲ **美国海军陆战队蓝礼服**

从左至右依次为C类（男性军官）、A类（男性军官）、A类（女性军官）、B类（男性军官）、C类（女性军官）

美国海军陆战队礼服是美国军种制服中最具有历史传承性、改动最小、个性最鲜明、最亮眼的军服，也是唯一取色于美国国旗的礼服，其标志性的蓝色外套与红色镶边的搭配可追溯到19世纪。美国海军陆战队礼服分为蓝礼服、蓝白礼服、晚礼服和乐团礼服四类。

蓝礼服是海军陆战队礼服中最常见、最具代表性的一款，常在美军征兵广告上出现，相当于西方民间礼仪着装系统中的晚礼服。蓝礼服又分为A、B、C、D四型。其中，A型礼服具有最严格的穿着规范和限制，B型、C型和D型的穿着要求相对比较宽松。四种蓝礼服的裤子均为天蓝色礼服长裤，裤腿外侧裤缝上缝有不同宽度的猩红色的"血线"。

▲ 身穿蓝礼服的美国海军陆战队上士

▲ 身穿蓝礼服的美国海军陆战队军士长

▲ 美国海军陆战队蓝白礼服（左一至左三）和乐团礼服（左四和左五）

在1998年之前，蓝白礼服只允许华府营的礼仪单位穿用（其中最著名的当属仪仗队和护旗队）。1998年以后，该礼服被授权给所有军官和高级士官们作为夏季礼服穿用，以替代2000年起正式废止的军官夏季白礼服。在某些特定社交或庆典场合，根据上级要求，普通士官和士兵也可以穿着该款礼服。蓝白礼服有A、B型之分，二者的区别和全蓝礼服中的A、B型之别完全一样。A型蓝白礼服亦有严格的穿着规范及限制。

晚礼服是最正式的、最精致的海军陆战队礼服，相当于西方民间的燕尾服，仅配发给军官和高级士官在国家集会、就职招待会/宴会和正式宴会等场合穿着。晚礼服分以下三种。

（1）A型男军官晚礼服。外套为撞色立领设计，带有袖饰，内衬白色马甲和凸纹布明贴门襟的白色衬衣。深蓝色礼服裤子上的金色饰条上绣有猩红色窄条血线。A型女军官晚礼服包括猩红色翻领的上衣外套、白色礼服衬衣、红色宽腰带、长裙。男女军官均佩戴小型勋章和徽章。带有猩红色丝质内衬的蓝色斗篷为可选搭配。

（2）B型军官晚礼服。与A型的不同之处在于：男将官需内搭一件猩红色马甲，其他军官佩戴红色宽腰带；女军官着短裙。

（3）高级士官晚礼服。男性高级士官穿着半贴身晚礼服（短上装），袖子上缝有具有17世纪90年代特色的军衔徽章，搭配黑色领结和天蓝色长裤。女性高级士官晚礼服除没有袖饰和军衔外，其余部分同女军官晚礼服。男女高级士官均佩戴小型勋章和徽章。

▲ 身穿蓝白礼服的美国海军陆战队士兵

▲ 美国海军陆战队晚礼服

从左至右依次为A类（女性士兵）、B类（男性将军）、A类（男性带斗篷）、B类（男性士兵）

▲ 身穿晚礼服的美国海军陆战队上将

乐团礼服分为乐手礼服和指挥礼服两类。其中，乐手礼服上身为嵌有蓝色镶边的猩红色外套，下身为白色或蓝色长裤；乐团指挥穿着蓝色礼服。

▲ 美国海军陆战队高级士官晚礼服

◇◆作训服◆◇

海军陆战队作训服（MCCUU）是美国海军陆战队目前使用的作训服。它还同时被分配给海军陆战队中的美国海军看护兵和美国海军牧师使用。该军服于2001年开始测试，2002年开始装备，2004年完成装备。它取代了从前与陆军、海军和空军通用的BDU作训服。

MCCUU和它的迷彩图案（MARPAT）是专门为美国海军陆战队设计的，具有专利权。MARPAT有两种设计，即森林和沙漠。在近距离察看时，MARPAT图案中还混有鹰、地球和锚的图案。根据环境和季节，MCCUU有不同的穿着方法。与BDU不同，MCCUU在设计时就考虑到了同时穿着防弹衣的问题。

MCCUU的上衣有2个倾斜的带魔术贴的胸口袋、2个带扣子的袖袋，肘部加厚，内侧有肘部护垫袋，袖口可调整，左侧胸口袋上绣有鹰、地球和锚图案，级别标志被钉在衣领上。

MCCUU的裤子前后各有2个口袋，大腿两侧各有1个用弹性绳系扣的储物袋，膝部和臀部加强，腰部有部分的皮筋，膝部裤子内里有衬垫袋。

海军陆战队员穿着棕色作战靴。准许使用商用靴子，但是要求靴筒必须高于20厘米，并且在鞋跟外侧带有海军陆战队的鹰、地球和锚的图案。

MCCUU搭配的作训帽比较特别，棱角分明，称为八角帽。伴随海军陆战队更换不同伪装图案的作训服，同时就会出现相应伪装图案的八角帽供官兵使用。

▲ 美国海军陆战队作训服上衣（森林迷彩）

▲ 美国海军陆战队作训服上衣（沙漠迷彩）

▲ 美国海军陆战队八角帽

俄罗斯陆军军服

◇ ◆ 常服 ◆ ◇

1992年5月，俄罗斯宣布组建本国军队后，由于没有换发新军装，在接下来的两年多时间里，俄军官兵继续穿着苏军军装并佩戴苏军识别标志。1994年5月，叶利钦签署了《关于军装和军衔识别标志》的第1010号总统令。但是由于军费紧张，十多年来，俄军需部门一直未能向官兵发放全套军装，有些官兵平时只能穿野战服。因此，军容不整在俄军中已成为司空见惯的事。更有甚者，俄罗斯一些非军事部门的人员也穿上了军装。俄罗斯其他强力部门的工作人员也穿上了军装，一时间，“大檐帽满街飞”成了俄罗斯的一大景观。由于俄军大檐帽造型比较夸张，所以几乎成了俄军区别于世界其他军队的标志。

▲ 造型夸张的俄罗斯陆军大檐帽

2009年，俄军聘请著名时装艺术设计师瓦伦丁·尤达什金来设计新式军服，将大檐帽的尺寸进行了缩小，并结合了苏军军服的一些风格。此外，与现行军装相比，新军装还有以下变化：将官和上校将取消羊皮帽，重新配发苏军时期的高筒羊皮将军帽和可拆卸的黑色羊皮衣领。换装前，俄军官兵在上衣左臂统一佩戴印有“俄罗斯武装力量”字样的臂章。换装后，俄军官兵在上衣左臂佩戴9种区分不同军兵种和军区的臂章，而上衣右臂则佩戴所在部队的臂章。

▲ 瓦伦丁·尤达什金设计的俄罗斯陆军女兵夏季常服（左）和冬季常服（右）

▲ 2013年款俄罗斯陆军少将常服

▲ 2013年款俄罗斯陆军中尉常服（女）

虽然尤达什金设计的新式军服较为美观，但在基层部队使用后发现很不实用。2012年，尤达什金设计的军服被废除，俄军很快又推出了一套新军服，并于2013年军事年度订购了70万套。2014年，新军服全部换装完毕。这款军服克服了此前尤达什金在设计上的缺陷和面料选择问题，重点考虑实用和防寒，包括鞋子、贝雷帽、棉帽、头套等全都重新设计。新军服最大的特点就是魔术贴被大量应用，各式徽章粘合在特定部位。新军服有三种颜色：绿色（陆军），蓝色（空军）和黑色（海军）。

◇◆礼服◆◇

▲ **俄罗斯陆军礼服（2017年胜利日阅兵）**

俄罗斯陆军礼服的主要特点是单排扣军装上衣带有坚硬的立领，领口缀以金色刺绣织成的历史题材的领章图案，图案呈长方形，四角凸起，类似于19世纪俄国近卫军军服的识别标志。除了领口外，这些图案还出现在袖口处。将军的礼服上衣也带立领，缀以金色橄榄枝形领章，刺绣所用的线含金量达到5%。

◇◆作训服◆◇

▲ 俄罗斯四季全套野战军服

2018年，俄罗斯军队正式配发了新一代单兵军服，正式名称为四季全套野战军服。外套都采用防风防水的现代材料。全套野战军服包括工作服、作战训练服、春秋作战服、冬季保温服、速干的运动衣、羊毛内衣，贴身短内衣，袜子、手套、围巾、头套。配备了皮带和军鞋，甚至还配有拖鞋。

俄罗斯海军军服

◇◆常服◆◇

▲ 俄罗斯海军少将夏季常服

▲ 俄罗斯海军少将黑色常服

▲ 俄罗斯海军上校夏季常服

▲ 俄罗斯海军上校冬季常服

俄罗斯海军的军衔大部分是继承苏联海军的，而标志和制服则与苏联时期有差别。俄罗斯军队有两种风格的军衔，分别为部队军衔（陆军风格）和甲板军衔（海军风格）；陆军、空军和空降军使用部队军衔，海军主要使用甲板军衔，但海军航空兵、海军步兵、海军军医和宪兵除外，而卫兵、宪兵军医和军中兽医的军衔会加上“司法”“医疗服务”和“兽医服务”等字，储备军和退休军人军衔亦会注明“储备”和“已退休”。

与其他国家的海军一样，俄罗斯海军的制服以白色、蓝色和黑色为主。白色常服作为夏季制服，蓝色常服则作为冬季制服，而黑色常服主要出现在俄罗斯海军比较重要的活动上，其形象意义远大于实际意义。

▲ 俄罗斯海军上校白色常服

▲ 俄罗斯海军上校黑色常服

▲ 俄罗斯海军中尉白色常服

▲ 俄罗斯海军中尉冬季常服

▲ 俄罗斯海军中尉夏季常服（女）

▲ 俄罗斯海军中尉冬季常服（女）

▲ 俄罗斯海军中尉白色常服（女）

▲ 俄罗斯海军中尉黑色常服（女）

▲ 俄罗斯海军水手白色常服

▲ 俄罗斯海军水手蓝色常服

▲ 俄罗斯海军水手黑色常服

▲ 俄罗斯海军水手冬季常服

◇◆礼服◆◇

▲ **2018年俄罗斯海军上校黑色礼服**

▲ **2018年俄罗斯海军中校黑色礼服**

由于海军军种的特殊性，俄罗斯海军官兵的制服数量要比其他军人更多。因此，20世纪90年代因为武装力量的预算经费捉襟见肘，俄罗斯海军官兵很长时间都领不到新军服，只能在常服上面缝上金色肩章代替礼服使用。

2018年秋季，俄罗斯海军开始发放新礼服。海军所属水手、军士、海军准尉、军官和将官都有相应的新礼服。新礼服在很多细节方面沿用了苏联卫国战争时期的军服式样。俄罗斯海军官兵传统上拥有黑色、白色和混合色等数种礼服式样。海军军官的黑色礼服包括黑色毛纺裤子和单排扣立领上衣，立领上有漂亮的海锚花纹刺绣。海军将军的礼服上衣也是立领设计，缀以金色橄榄枝形领章，刺绣所用的丝线含金量达到 5%。与常服不同的只是，新礼服上缀有金色肩章。

英国陆军军服

▲ 英国陆军军官1号礼服

▲ 英国陆军士兵1号礼服

▲ 英国陆军军官2号军便服

▲ 英国陆军士兵2号军便服

▲ 英国陆军军官3号礼服

▲ 英国陆军士兵3号礼服

▲ 英国陆军军官8号作训服

▲ 英国陆军士兵8号作训服

英国军队曾经长期采用红色军服，但一战爆发后，红色军服就变得罕见了。近卫旅在1920年恢复了红色礼服，其他部队只有在极少数场合（社交、典礼、进宫或婚礼）才穿红色军服。1980年，英军高层考虑重新使用红色军服，以取代当时英国陆军的深蓝色1号军服或卡其色2号军服，使用更便宜的不易褪色的化学染料，取代胭脂虫红染料。由于英军官兵对此不感兴趣，这个计划就被放弃了。如今公众能看到英国红色军服的场合，主要就是在白金汉宫门前、温莎城堡内和一些仪式典礼场合了。

目前，英国陆军共有12套现役制服，分别编号为1号礼服、2号军便服、3号礼服、4号军便服、6号阅兵礼服、7号军营服、8号作训服、10号晚礼服、11号晚礼服、12号防护服、13号军营服、14号军营服。每套制服都有严格的穿戴要求。

▲ 英国陆军军官10号晚礼服

▲ 英国陆军士兵10号晚礼服

▲ 英国陆军军官13号军营服

▲ 英国陆军士兵13号军营服

英国海军军服

▲ 英国海军高级军官仪式日礼服

▲ 英国海军中校蓝色1号制服

现代英国海军的军服分为三类，即军官制服、士官制服和士兵制服。军官制服包括仪式日礼服、1号制服、2号制服、3号制服、4号制服、5号制服和白色制服；士官制服包括1号制服、2号制服、3号制服、4号制服和白色制服；士兵制服包括1号制服、2号制服、3号制服、4号制服、5号制服和白色制服。

▲ 英国海军士兵1号制服

▲ 英国海军士兵4号制服

▲ 英国海军上将1号制服

▲ 英国海军上将2号制服

▲ 英国海军中将1号制服

▲ 英国海军少将2号制服

英国空军军服

现代英国空军的标准制服共有14套，分别为1号军便服、2号工作服、3号操作服、4号临时晚礼服、5号晚礼服、6号军便服、7号工作服、8号晚礼服、9号军乐队制服、10号军乐队制服、11号军乐队制服、12号体能训练服、13号跳伞服、14号飞行服。

▲ 英国空军上将5号晚礼服

▲ 英国空军上将1号军便服

▲ 英国空军少将6号军便服

▲ 英国空军总技术军士1号军便服

▲ 英国9号军乐队制服

英国海军陆战队军服

▲ 1946~1972年英国海军陆战队军服概览

▲ 1973年英国海军陆战队军服概览

▲ 现役英国海军陆战队军服概览

▲ **英国海军陆战队上将1号礼服**

英国海军陆战队共有10套现役制服，分别为1号礼服、1A号蓝色制服、1B号阅兵制服、1C号阅兵制服、2A号晚礼服、2B号热带制服、3A号常服、3B号作训服、3C号常服和3D号作训服。

法国陆军军服

▲ 法国陆军步兵军官常服

▲ 法国外籍兵团军官礼服

法国陆军的标准军服为圆筒帽和浅米色制服。陆军官兵所戴的圆筒帽、军便帽、肩上以及衣袖上，都可以佩戴军衔标识徽章。将官的圆筒帽上绣有橡树叶及表示军衔的五角星，校尉级的圆筒帽上则饰有金色和银色的饰带来区分军衔。在圆筒帽的前部还有他们的团徽或团的编号。而且法国陆军的兵种不同，所佩戴的肩章和领章及臂章颜色也各不相同。

▲ 法国陆军圆筒帽

法国外籍兵团是由外国志愿兵组成的陆军正规部队，拥有和法国本土部队同样的装备。外籍兵团官兵身穿法军标准制服，帽子则是独树一帜的白色法式圆筒帽。礼服上为绿色肩章缀有红色流苏，白色带子和绑腿，蓝色腰带和白手套。

法国海军军服

▲ 法国海军上将深蓝色常服

法国海军的标准军服为白色大檐帽和深蓝色制服，夏季为白色制服。海军将官大檐帽的帽墙都由花纹和星衔组成，帽徽也是特制的图案。海军校官大檐帽的帽墙上有黄白相间的条纹，不同的条纹数量代表不同级别的军衔。

海军准尉和士官都可以穿军官制服，水手则有专门设计的水手服，夏季制服为白色，冬季制服为深蓝色。水手服的帽子上依然保留了传统的红绒球。

▲ 法国海军将官大檐帽

▲ 法国海军水手夏季常服

▲ 法国海军水手冬季常服

法国空军军服

▲ 法国空军上将常服

▲ 法国空军中将常服

法国空军的军服看起来和法国海军差不多，都采用白色大檐帽和深蓝色制服，但制服的色调和徽章配饰却有很大区别。空军军服主要以军服数字编号来区分每一种军服的用途和配章方案。

法国空军的军衔标志在其军服上有多处显示，如大檐帽帽墙军衔、船形帽军衔，还有日常制服上的大型军衔条纹袖章、飞行服用的方形军衔章等。军官及准尉的军衔可以从他们所佩戴着的大檐帽及衣袖处来识别，空军普通士兵的领章臂章呈橙色，而军士级的是金黄色。

▲ 法国空军大檐帽（无军衔标志）

德国陆军军服

▲ 德国陆军中将常服

二战结束后，东德军服基本上和二战时一样，西德却有较大变化，首先是弃用了深色德国灰，并且用大翻领代替了小立领。两德统一后，东德军队退出了历史舞台。现代德国军服延续了西德军服的风格，虽然整体没有二战时期德国军服的严谨和笔挺，但大体上还是保留了德意志民族的基本风格。

目前，德国陆军的标准军服是灰色上装和黑色下装，内穿白衬衣，佩戴贝雷帽。按所属部队的兵种色不同，帽子的颜色也不同。有意思的是，现代军队常用的大檐帽最早出现在普鲁士军队，但是德国把大檐帽传遍全球以后，自己却抛弃了它。现代德国除了海军外，陆军、空军都很少见到大檐帽的身影了，陆军官兵日常穿戴都采用贝雷帽。

▲ 德国陆军贝雷帽（未佩戴帽徽）

德国海军军服

▲ 德国海军大檐帽

现代德国的海军军服和北约其他国家基本相同，采用白色大檐帽、白色衬衣和深蓝色制服的搭配，制服样式简洁，没有过多的装饰。军官冬季常服没有肩章，主要通过袖章表明军衔等级。

▲ 德国海军中将常服

▲ 德国海军水手常服

德国空军军服

▲ 德国空军军官大檐帽

▲ 德国空军士兵船形帽

德国空军的标准制服是深蓝色上衣、白色衬衣和深蓝色长裤。军官通常佩戴大檐帽，士兵则是船形帽。

▲ 德国空军将官常服

印度军队军服

▲ 印度空军制服

印度军服类似英国军服，陆军军服主色调为橄榄褐色、海军为蓝黑色和白色、空军为天蓝色。军服上的差异体现在每个部队的传统服饰上，比如锡克军人所戴的头巾。印度军衔徽章同样与英国相似，印度国徽代替英国皇冠成为将官们的军衔徽章。

在印度军队中，陆军是规模最大的军种。本着穿着适合场合，体现简洁、荣耀和彰显训练气质的原则，印度陆军设计了10种制服，包括常服、作战服、蓝色礼服、晚礼服（分为冬季版和夏季版）、仪式礼服、工作服、伞兵工作服、白色高原夹克和黑色常服等。

常服要求正式而漂亮，区分夏常服和冬常服。军官冬常服穿着橄榄绿上衣、桃红衬衣和黑色领结，可配贝雷帽或鸭舌帽、头巾。夏常服穿着橄榄绿衬衣和短裤，可配战役帽或贝雷帽。

▲ 印度海军上将礼服

作战服是印度民间最熟悉的制服，丛林迷彩样式能够为士官提供必要的伪装，冬夏为迷彩服配毛衣或夹克。军衔刺绣在肩章上，平时可佩戴勋章，但是在战争或演习期间禁止佩戴。值得一提的是，印度军队是世界上为数不多的把作战服做成常服样式的国家，这些作战服看上去基本上就是迷彩布做的长袖、短袖夏常服。此外，印度可能也是唯一在作战服上使用勋表架的国家。

蓝色礼服通常在冬季的重大集会、典礼上穿着，也可作为晚礼服使用，主要特征为带印度宽腰带的短上衣，用肩章显示军衔，装甲部队的肩章还有锁子甲。

晚礼服分为6A和6B礼服两种。6A礼服由白衬衣、黑裤子和印度腰带组成，可佩戴勋表，配有白色短上衣。6B礼服是6A礼服的夏季版。

▲ 印度陆军常服

▲ 印度陆军作战服

仪式礼服通常在军事仪式比如阅兵、仪仗队、军葬礼、敬献花环时穿着。礼服冬季使用长袖，夏季使用半袖，可佩戴全尺寸勋章、围巾、印度腰带、绶带和其他佩饰。

工作服一般只配发印度陆军航空兵的军官，工作服只佩戴军衔套式肩章、特色部队的飞机标志徽章、姓名牌。

伞兵工作服配发给伞兵和其他高技能兵种，冬季工作服可用于典礼和阅兵，一般配有丛林迷彩围巾。

白色高原夹克，配发锡亚琴冰川附近部署的部队。

黑色常服只配发国内安全卫队和装甲兵。

日本自卫队制服

自卫队是日本二战后至今的国家防卫组织，于1954年7月1日成立，包括陆上自卫队、海上自卫队、航空自卫队三个部分。所有的武职人员都称“自卫官”，人数大约为23万。虽然在名义上并非军事组织，但其实际功能早已与其他国家军队别无二致。

目前，日本陆上自卫队采用绿色常服，海上自卫队采用黑色常服，航空自卫队则采用蓝色常服。在夏季，陆上自卫队员身穿奶油色衬衫，海上自卫队是白色衬衫，航空自卫队则是蓝色衬衫。

作训服方面，日本陆上自卫队采用以绿色为基调的迷彩服，海上自卫队是以蓝色为基调的迷彩服，航空自卫队则是以灰色为基调的迷彩服。作训服主要在训练时穿戴，由于射击等使用火药的训练很多，所以在迷彩服上使用了具有良好防火性的特殊布料。此外，还有一种特殊的迷彩服，那就是在海外派遣中使用的迷彩服。被派遣到吉布提共和国的日本陆上自卫队员，穿着以土黄色为基调的迷彩服，布料较薄，并具有防虫性能。

值得一提的是，日本陆上自卫队员还有佩戴围巾的习惯。这种习惯承袭自旧军队，主要作为兵种识别的装饰。例如，普通科使用红色围巾，机甲科使用橙色围巾，航空科使用蓝灰色围巾，通信科使用蓝色围巾。由于围巾会明显破坏迷彩伪装效果，所以只会出现在阅兵等场合。

2018年3月22日，日本陆上自卫队对外公布了新式制服的样式，并于3月27日开始渐次更新制服。此次制服更换预计将耗时10年。新式制服一改以往风格，其底色由绿色换为偏紫藏蓝色。

▲ 日本海上自卫队水手常服

▲ 日本陆上自卫队绿色迷彩服

▲ 佩戴红色围巾的日本陆上自卫队普通科士兵

▲ 日本陆上自卫队新式制服

参考文献

[1] 麦克纳布. 军服视觉百科全书[M]. 北京：机械工业出版社，2014.

[2] 周明. 二战苏德军服[M]. 上海：上海社会科学院出版社，2017.

[3] 迪格比・史密斯. 美国独立战争军服、武器图解百科[M]. 长春：吉林文史出版社，2019.

[4] 迪格比・史密斯. 拿破仑时期军服图解百科[M]. 长春：吉林文史出版社，2019.

[5] 辻元佳史. 图说世界军服历史5000年[M]. 北京：东方出版社，2014.